Erich Purk

Zeit

Erich Purk

Zeit

Der spirituelle Fastenbegleiter

kbw bibelwerk

www.bibelwerk.de

ISBN 978-3-460-27128-9

© 2009 Verlag Katholisches Bibelwerk GmbH, Stuttgart
Alle Bibeltexte: Einheitsübersetzung der Heiligen Schrift
© 1980 Katholische Bibelanstalt GmbH, Stuttgart
Umschlag: Finken & Bumiller, Stuttgart
Titelbild: Metronom, © photocase.com, KDF
Satz und Repro: Olschewski Medien GmbH, Stuttgart
Druck: Made in Tschechien

Inhaltsverzeichnis

Vorwort

Zeit ist und bleibt ein Rätsel. Was Zeit ist, konnte schon Augustinus nicht sagen; ebensowenig können es heute Wissenschaftler wie Albert Einstein oder der Zeitforscher Karlheinz Geißler. Doch leben wir in der Zeit und gebrauchen sie so selbstverständlich: Der Blick auf Kalender und Uhr ist überall möglich. „Zeit" ist das meistgenannte Wort unserer Sprache. Und wenn man die vielen Bücher, Artikel und Ringvorlesungen sichtet, werden wir uns sicher noch oft mit dem Thema Zeit auseinandersetzen.

„Als Gott die Welt erschuf, gab er Afrikanern die Zeit und den Europäern die Uhr", sagt ein Sprichwort. Welch anderes Zeitempfinden war es, als man sich noch am Stand der Sonne orientierte? Als man dann die ersten Sonnenuhren erfand, wurde die Zeit in Stunden und Minuten zerlegt. Als die Stechuhr aufkam, konnte man die Arbeitszeit ganz genau messen. Rennwagen stoppt man in tausendstel Sekunden; Atomuhren bestimmen die Zeit ganz exakt ... Was bringt uns das?

„Keine Zeit!" Diese zwei Worte bestimmen heute unser Leben. In Zeitnot sind wir geraten, wie in ein Netz. „Zeitersparnis" klingt dann wie ein Zauberwort. Es gibt so viele zeitsparende Hilfsmittel. Überall die Zusage: „Du gewinnst Zeit!" und dennoch überall die Klage: „Ich habe keine Zeit!"

Die Probleme mit der Zeit haben heute eine neue Qualität erreicht. Es geht nicht mehr darum, seine Zeit gewinnbringend zu managen, Atempausen und Urlaubstage einzuschieben. Die Mobilität ist so groß und die Geschwindigkeit der Veränderungen so schnell, dass der Hintergrund unseres Lebens verschwimmt. Wir haben keine festen Orientierungspunkte mehr. Wir sind „Simulanten" geworden, die zur gleichen Zeit immer Mehrfaches tun: Auto fahren, Musik hören, und mit dem Handy nebenbei noch einen Kaufvertrag abschließen ...

Eine neue Askese fordert der Autor Hartmut Rosa. Wir brauchen feste „Ankerplätze" im weiten Meer der Zeit. Wege der Entschleunigung müssen wir neu entdecken, damit wir nicht im „Burn-out" enden.

„Carpe diem!" – Wer kann uns helfen, unsere Zeit human zu gestalten?

Wir befragen einige Denker und Dichter (3. Fastenwoche). Wir befragen die Bibel, wie sie mit der Zeit umgeht (4. Fastenwoche). Und wir befragen klösterliche Gemeinschaften. Sie verfügen über eine lange Tradition, wie sie ihre Tage in „ora et labora" gestalten (5. Fastenwoche).

Die Feier der Karwoche und des Osterfestes wandelt die Zeit in eine Heilszeit. „Die Zeit ist erfüllt, das Reich Gottes ist nahe" (Mk 1,15). Mit dem Kommen Jesu ist die Zeit erfüllt. Dieser Augenblick liegt nicht in der Macht des Menschen. Er ist Gottes Handeln in unserer Geschichte. Unsere Geschichte wird zur Heilsgeschichte.

Zeit verlangt nach Ewigkeit. Meine Zeit ist nur ein winziger Teil der Geschichte. Meine Zeit ist nicht bedeutsam für Geschichtsbücher und doch unverwechselbar. Sie ist hineingenommen in Gottes Heilszeit. Wir gehören zu Gott, zur Ewigkeit. Gott ist Mensch geworden, ist als Mensch gestorben und ist auferstanden. Seitdem ist alle Geschichte – auch meine Lebensgeschichte – angekommen im Himmel. Gott sei gepriesen, jetzt und in alle Ewigkeit!

In dieser Fastenzeit wünsche ich Ihnen Zeit, über ihre Zeit nachzudenken. Denn es ist höchste Zeit. Jetzt, nicht später, nicht irgendwann. „Jetzt ist sie da, die Zeit der Gnade; jetzt ist er da, der Tag der Rettung" (2 Kor 6,2)!

Ihr
Pater Erich Purk

Jetzt ist die Zeit
der Gnade

1. Tag · Aschermittwoch

Jetzt

„Jetzt ist die Zeit der Gnade, jetzt ist der Tag der Rettung" (2 Kor 6,2 nach der Übersetzung Luthers), schreibt Paulus an die Korinther.

Heute, am Aschermittwoch, ist sie da, die Heilszeit für dich und für mich, Fastenzeit. „Jetzt" gilt es, neu anzufangen. Es ist höchste Zeit. Jetzt, nicht später, nicht irgendwann. Jetzt ist die Zeit der Einkehr und Umkehr. Jetzt bin ich gefragt. Jetzt muss ich mich stellen. Die Fastenzeit kann für jeden zur Heilszeit werden.

Man kann auch Chancen verpassen. Nach den tollen Tagen des Karnevals sind die Masken abgelegt. Der Aschermittwoch hält uns den Spiegel vor. Asche der Vergänglichkeit streut der Priester den Kirchenbesuchern aufs Haupt. „Gedenke, dass du Staub bist und zum Staub zurückkehrst." Deine Zeit ist begrenzt. Deine Zeit hat ein Ende. Eindringlicher kann man keinen konfrontieren. „Bekehre dich, denn das Reich Gottes ist nahe!" Die Zeit eilt dahin, zerrinnt wie Sand zwischen den Fingern. Nutze jetzt die Frist, die dir bleibt!

Metanoia – Bekehrung ist Auszug – Exodus – aus Bestehendem, aus all dem, was uns festlegt, aus Zwängen und verhärteten Zuständen. Das versteinerte Herz öffnet sich neuem Leben. Nur wer sich dem Weg der Reinigung und Verwandlung überlässt, wird das Leben gewinnen.

Rings um uns wandelt sich alles. Niemand bleibt, wie er ist. Wer festhalten will, was jetzt ist, erstarrt zum Tod. Wir müssen es wieder wagen, den Weg der Verwandlung zu betreten. Der Aschermittwoch erinnert uns nicht nur an die Vergänglichkeit aller Dinge, sondern an die Verwandlung, die das Tor zur Zukunft aufschließt. Dieser Aufbruch ist nicht selbstverständlich und doch notwendig, wie Bert Brecht zeigt: „Ein Mann, der seinen Bekannten lange nicht gesehen hatte, begrüßte ihn mit den Worten: Sie haben sich gar nicht verändert. Oh!, sagte dieser und erbleichte."

Wort in den Tag
„Jetzt ist die Zeit der Gnade, jetzt ist der Tag des Heils." Es ist höchste Zeit. Jetzt, nicht später, nicht irgendwann. „Lasst uns endlich anfangen!", sagte Franz von Assisi kurz vor seinem Tod zu seinen Brüdern.

Jetzt ist die Stunde,
jetzt wird getan
oder auch vertan,
jetzt wird gesagt
oder auch versagt,
jetzt wird gewirkt
oder auch verwirkt,
jetzt wird geraten
oder auch verraten,
jetzt wird getröstet
oder auch vertröstet,
jetzt wird gelacht
oder auch verlacht,
jetzt wird getagt
oder auch vertagt:

Jetzt entscheidet sich,
worauf es ankommt,
wenn Er kommt.

Alois Albrecht[1]

2. Tag · Donnerstag

Im Augenblick

Es gibt Augenblicke in unserem Leben, da wissen wir: „Jetzt kommt es darauf an!" Wenn wir das Prüfungszimmer betreten, wenn wir vom Arzt die Diagnose erfahren möchten, wenn der Wettläufer an seinem Startblock hochschnellt. „Auf die Plätze, fertig, los!"
Eigentlich ist nur der Augenblick wichtig. Er steht mir zur Verfügung. In der Gegenwart kann ich mich entscheiden und handeln, ruhen und erholen. Über die Vergangenheit kann ich nachdenken oder sie beklagen. Aber ich kann sie nicht zurückholen. Die Zukunft kann ich planen oder erträumen. Aber allein der Augenblick ist bedeutsam. Das „Jetzt" scheint die Zeitform der Gegenwart zu sein.
Ich erinnere mich manchmal an das Wort meiner Mutter, wenn ich die Schulaufgaben auf später verschieben wollte: „Morgen, morgen, nur nicht heute, sagen alle faulen Leute." Wenn man alles auf Morgen verschiebt, dann behält Annette von Droste-Hülshoff recht: „Und unsre Morgen morden unsre Heute."[2]
In diesem Augenblick, in dem ich mir die Zeit nehme, diesen Text zu lesen, gelingt dies nur, wenn ich mit allen Sinnen und Gedanken in der Gegenwart bin.
Der Augenblick, die Gegenwart, ist immer das Wichtigste. Nicht gestern, nicht morgen, ich lebe heute. Dieser Tag und dieses Jahr sind die Zeiträume, die mir geschenkt sind, um mich zu entfalten und zu wachsen. Aber das Jahr hat viele Tage.
„Was haben wir von diesem Jahr denn in der Hand, außer dem einen Tag, an dem wir gerade sind?", fragt Augustinus. „Die früheren Tage des Jahres sind schon vorübergegangen und niemand konnte sie festhalten; die zukünftigen aber sind noch nicht gekommen. An einem einzigen Tag sind wir, und wir sagen ‚dieses Jahr'. Sag also lieber heute, wenn du etwas sagen willst, was Gegenwart ist!"[3]
„Sag also HEUTE!", heute am zweiten Tag der Fastenzeit. Aber der Tag hat 24 Stunden. Und wenn Sie diesen Text lesen, sind wahrscheinlich schon viele Stunden des Tages vergangen. „Sag

also diese Stunde!" Aber die Stunde hat 60 Minuten, und jede Minute hat 60 Sekunden. ... Ist der flüchtige Augenblick mein Schicksal, wenn ich wirklich leben will? Wird das nicht zum Dauerstress?

Wie kann ich also sinnvoll mit meiner Zeit in dieser Fastenzeit umgehen? Eine kurze Antwort heißt: ein Gespür für günstige Augenblicke entwickeln. Dafür benötigen wir keine Atomuhr. Was ist für mich dran im Augenblick? Es geht um die Fähigkeit, mit den unterschiedlichen Zeitqualitäten richtig umzugehen. Langsam oder schnell sein, warten oder beschleunigen oder einfach Pause machen, das sind lebenswichtige Zeitformen. Eine Pause zur rechten Zeit bringt die Lebensqualität, die sich nicht automatisch und selbstverständlich einstellt.

Jedenfalls stelle ich mich der Frage: Was ist dran bei mir? Was ist heute am Anfang der Fastenzeit für mich wichtig?

Wort in den Tag
„Die wichtigste Stunde ist die Gegenwart. Der wichtigste Mensch der, der dir gegenübersteht, und das wichtigste Werk ist die Liebe" (Meister Eckhart).

3. Tag · Freitag

Chronos und Kairos

Chronos nannten die Griechen den Gott der Zeit. Er verschlingt seine Kinder, sagt die Mythologie. Die Zeit läuft dahin und keine Stunde kann man zurückholen. Alles vergeht. Unaufhaltsam fließt der Fluss der Zeit.

Im Altertum kannte man auch den Kairos. Das ist die Zeit, die erfüllt ist. Der günstige Augenblick, den wir im Leben nicht verpassen dürfen. In der Bibel ist Chronos die Zeit, die einfach so dahinläuft und ohne besondere Bestimmung ist. Da wird der Zeitdruck chronisch. Dagegen ist der Kairos der günstige Augenblick, den es zu erspüren und zu ergreifen gilt. Zeit wird dann in einer göttlichen Dimension erlebt: „Die Zeit ist erfüllt, das Reich Gottes ist nahe" (Mk 1,15). Sie wird nicht mehr als Last empfunden, sondern als Gnade. Der Pilger zwischen Zeit und Ewigkeit erlebt die Stunde des Heils.

Als die Zeit erfüllt war, sandte Gott seinen Sohn. Geschichte wird zur Heilsgeschichte. Und die hat ihre Stunden. „Meine Stunde ist noch nicht gekommen", sagt Jesus im 2. Kapitel des Johannesevangeliums. Ja, es gibt den „Kairos", die entscheidende Stunde – auch in unserem Leben. Paulus schreibt an seine Gemeinde in Rom: „Bedenkt die gegenwärtige Zeit: Die Stunde ist gekommen, aufzustehen vom Schlaf" (Röm 13,11).

Ob in diesem Jahr die Fastenzeit zur Heilszeit (Kairos) in meinem Leben werden kann? Oder wird sie als Chronos ohne tiefere Bedeutung zerrinnen und einfach dahinfließen? Fastenzeit ist die Einladung zur Metanoia, zur Umkehr, zum neuen Anfang. Vielleicht ist bei mir ein Ausstieg (Exodus) oder ein neuer Aufbruch („Geh!") überfällig. Nur im Aufbruch begegnen wir Gott. Die Sesshaftigkeit und Unbeweglichkeit verursachen oft die Glaubenskrisen. Israel wäre ein Sklavenvolk geblieben, wenn es sich bei den „Fleischtöpfen Ägyptens" eingerichtet hätte.

Fastenzeit? Das Fasten wurde wiederentdeckt. In einer übersättigten Konsumgesellschaft versucht man nicht nur mit dem Übergewicht, sondern auch mit dem Überdruss fertig zu werden. Durch Fasten will man das Gewicht reduzieren, den Körper

entschlacken und entgiften und die Sinne neu wecken. Die fest-
gefahrenen Gewohnheiten können sich ändern. All dies ist eine
Frucht des Fastens. Verzicht ist eine Art „Katalysator", durch den
erstaunliche Wandlungsprozesse ausgelöst werden.

Wichtiger aber ist, dass Fasten ein Weg nach innen ist. Denn der
Mensch lebt nicht vom Brot allein, er stirbt am Brot allein. Das
habe ich in Fastenexerzitien immer wieder erfahren, die ich seit
25 Jahren am Aschermittwoch beginne. Das ist der Sinn der
Fastenzeit: bewusst Verzicht zu leisten, damit die Sehnsucht
meines Herzens nicht unter dem Müll des Konsums begraben
wird. Ich bin auf der Suche, die harte Kruste oberflächlicher
Befriedigungen zu durchbrechen und in diesen 40 Tagen bis
Ostern den Weg der Befreiung zu betreten.

Ein besonderes Augenmerk möchte ich auf den Umgang mit
der Zeit richten. Vielleicht liegt hier ein Grundübel meines
Lebens. Gibt es noch ein Maß und einen Rhythmus? Oder klage
ich wie so viele über Zeitdruck und Zeitverlust? Ist die Uhr das
Maß aller Dinge und mein Terminkalender für zwei Jahre ausgebucht? Üben Uhr und Kalender die Herrschaft aus?
Bestimmen sie bei mir jede Stunde? Wäre ein „Herrschafts-
wechsel" angesagt?

Wort in den Tag

„Bedenkt die gegenwärtige Zeit: Die Stunde ist gekommen, aufzustehen vom Schlaf" (Röm 13,11).

Den Schlaf abschütteln und wach werden. Erkennen, was mit
mir und mit meiner Zeit geschieht. Die Diagnose möchte ich
klar formulieren, damit dann die Therapie Heilung bringen
kann.

4. Tag · Samstag

Zeit und Ewigkeit

Vom Ende her ist unser Leben geprägt. Weil es den Tod gibt, ist jeder Tag unseres Lebens bedeutsam und wertvoll. Wir leben anders, wenn wir nicht unendlich viel Zeit zur Verfügung haben. Jede Stunde wird wertvoll und jeder Tag bedeutsam, wenn unsere Zeit begrenzt ist.

Der Theologe Johann Baptist Metz aus Münster schreibt: „Es ist der Zeitbegriff der Evolution, der uns lähmt. Denn die Evolution macht unsere Zeit zu einer zerdehnten Unendlichkeit. Damit kommt eine Erwartungslosigkeit in unser Leben hinein, die zu Passivität verführt."[4]

Wenn sich immer wieder Neues entwickelt und die Spirale der Zeit sich ins Unendliche fortsetzt, wird der Augenblick entwertet. Ich kann ja alles später nachholen. Doch der Tod begrenzt meine Lebenszeit. Meine Tage sind gezählt. Ein Mensch, der nicht sterben würde, lebte in einer unendlichen, zerdehnten Zeit. Alles könnte er nachholen, nichts würde er verpassen. Das wäre die unendliche Langeweile und Gleichgültigkeit. Ein ewiges Weitermachen wäre die Hölle. Kein Augenblick hätte ein Gewicht, weil man alles vertagen und aufschieben könnte. Es könnte einem nichts entgehen.

Aber die Zeit hat ein Ende. Der Tod ist die deutlichste Grenze. Weil es ein Ende der Zeit gibt, ist jede Stunde wichtig. Die Gleichgültigkeit und Langeweile weichen, wenn wir uns klarmachen, wie kostbar auch der heutige Tag ist.

„Carpe diem" – „Nutze die Zeit!", schrieb Horaz im Jahre 23 vor Christus. Seitdem ist dieses Wort immer wieder zitiert worden. Eine Lebenshaltung drückt sich darin aus. „Nutzt die Zeit; denn diese Tage sind böse!", schreibt sogar Paulus an die Gemeinde von Ephesus (Eph 5,16).

Das Wort „Carpe diem!" wurde ein Schlüsselzitat im Barock. Aus der Erfahrung der Vergänglichkeit und Sinnlosigkeit (Vanitas) folgerten die Menschen der Barockzeit, die verbleibende Zeit mit Vergnügen zu genießen. Auf dem sinkenden Schiff Titanic haben nicht wenige Passagiere weiter getanzt, bis die Wellen über ihnen zusammenschlugen.

Wort in den Tag

„Carpe diem!" Das heißt für mich, dass die 40 Tage vor Ostern Bedeutung bekommen sollen. Man nennt die Fastenzeit auch österliche Bußzeit. Büßen heißt eigentlich „bessern, besser machen, wiedergutmachen". Buße heißt: wiederherstellen und heilen. Unser Leben ist oft genug beschädigt, von Verletzungen geprägt. In der Fastenzeit sollen wir unsere Lebenswunden erkennen und Gott hinhalten, was verwundet ist. Bußzeit heißt dann, sich Zeit nehmen fürs Heilwerden. Bußzeit kann zur Heilszeit werden. Also: Carpe diem!

Lasst uns endlich anfangen!

Franz von Assisi

In Zeitnot geraten ist der Mensch

5. Tag · Montag

In Zeitnot

„In Zeitnot geraten, wie in ein Netz, ist der Mensch, atemlos hetzt er durch sein Leben und wischt sich den Schweiß. Ein Fluch des Jahrhunderts ist diese Eile", beginnt der russische Dichter Jewtuschenko ein Gedicht. Ist das unsere Befindlichkeit im Umgang mit der Zeit?

Warum diese Hast und Eile? Warum hat keiner mehr Zeit? Warum leiden wir unter Termindruck und Zeitmangel?

Wir entwickeln Chronometer, die in Millionen Jahren nur Bruchteile von Sekunden an Genauigkeit verlieren. Wir haben viele Hilfsmittel, die man uns mit dem Zauberwort „Zeitersparnis" verkauft. Unsere Lebenszeit nimmt um Jahrzehnte zu. Und doch hat keiner Zeit. Die Grundmelodie, die durch unsere Tage klingt: „Jetzt habe ich keine Zeit!"

Wir verbringen Monate unseres Lebens im Stau. Wir werden nervös, wenn wir etwas länger im Wartezimmer hingehalten werden. Was ist eigentlich los mit uns und unserer Zeit? Wir beschleunigen unser Tempo und arbeiten immer effektiver. Wir verdichten die Zeit und quetschen sie aus. Beim Kochen telefonieren wir, essen bei der Arbeit und nehmen das Handy mit zur Toilette. Wir verursachen den Tempowahn und werden dabei zu Opfern.

In Hast und Eile wird alles oberflächlich, auch unsere menschlichen Beziehungen. Wir treffen uns oft, begegnen uns selten. Wir sehen uns nicht mehr an und laufen aneinander vorbei.

„Es wird ganz eilig gezecht und ganz eilig geliebt, ganz tief sinkt die Seele dabei, man martert ganz eilig, vernichtet ganz eilig, ganz eilig sind später Reue und Buße vorbei", meint Jewtuschenko. Die Hektik höhlt uns aus; sie lässt uns nur die Oberfläche der Dinge erleben; wir „ver-äußerlichen". Die Hektik ist der Feind der menschlichen Beziehung; sie raubt uns die Fähigkeit, tief zu erleben und zu fühlen, beieinander zu verweilen, füreinander da zu sein; sie raubt uns die Fähigkeit zu lieben.

Wort in den Tag
Der eindringliche Appell, wie ihn der russische Dichter Jewtuschenko[5] in seinen Versen formulierte, soll mich heute begleiten:

Du aber wenigstens, halt inne in deiner Welt,
sei's, wenn sie schläft, sei's, wenn sie tobt:
Auf halbem Wege wenigstens bleib stehen,
dem richtenden Himmel vertraue dich an,
denke nach, besinne dich, wenn nicht über Gott,
so doch wenigstens ganz einfach über dich selbst!

Gelingt es mir heute zu sagen: Ich habe jetzt Zeit für mich … Ich
habe jetzt Zeit für dich …

6. Tag · Dienstag

Termindruck und Zeitmangel

„Zeit" ist neben dem Wort „Mama" das am häufigsten verwendete Substantiv der deutschen Umgangssprache. Was so in den Mittelpunkt unseres Lebens gerückt ist, scheint uns immer mehr zu beherrschen. Manche werden vor Stress sogar krank. „Keine Zeit!" Diese zwei Worte bestimmen die Tage. Wer hat denn schon Zeit? Wir unterwerfen uns dem Diktat der Uhr. Wir versuchen Zeit zu sparen und gewinnen doch keine Minute hinzu. Da läuft doch etwas falsch. Die Uhr tickt richtig. Zuerst ist die Diagnose wichtig, damit die Therapie uns helfen kann. Warum haben wir so wenig Zeit? Warum leiden wir unter Termindruck und Zeitmangel? Was treibt uns in die Hetze? „Keine Zeit haben" wird zum Markenzeichen des Tüchtigen. „Keine Zeit haben" wird zum Ausweis für unsere Wichtigkeit. Der Arbeitslose hat viel Zeit und leidet darunter. Der Manager hat nie Zeit. Er ist total ausgebucht. Auch er leidet darunter. Wer viel Zeit hat, kommt in den Verdacht, dass er unbrauchbar und nicht leistungsfähig ist. Er erfährt, dass er nicht gefragt ist. Fürchten wir, auf das Abstellgleis zu geraten, übergangen, vergessen zu werden? Früher war Zeithaben ein Privileg. Könige und Fürsten hatten Zeit für Jagd und Vergnügen. Menschen in hoher gesellschaftlicher Stellung konnten sich den Luxus leisten, viel Zeit zu haben. Heute erleben wir das Gegenteil. Wer die Stufen der Karriereleiter hinaufsteigt, hat keine Zeit mehr für das Privatleben. Er ist rund um die Uhr ausgebucht. „Keine Zeit haben" gehört zum Prestigegewinn.

Was treibt uns in die Hetze?
Die Angebote wachsen ins Unermessliche. Was wir haben, hören, sehen und genießen können, steigert sich ins Grenzenlose. Keiner will zurückbleiben, wenn die Musik, nach der alle tanzen, vorbeizieht. Man muss mitreden können. Man muss es zu etwas bringen. „Hast du was, bist du was!", heißt die Devise. Das kostet Zeit und Kraft und den totalen Einsatz. „Ja keinen

Leistungsabfall!" Doch am Ende ist man ausgebrannt. Burn-out-Syndrom nennt man das heute.

Was treibt uns in die Hetze?
Ist manchmal Hast und Umtrieb ein Weg der Flucht? Es muss immer etwas passieren. Wir halten die Stille nicht aus und suchen Aktionen und Ablenkungen. Lenken wir uns ab, damit wir nicht mit uns selbst konfrontiert werden? Haben wir Angst, der eigenen Tiefenschicht zu begegnen? Wir müssten Probleme aufarbeiten, ordnen, klären. Hilft uns das dauernde Beschäftigtsein, dies zu verdrängen, wegzuschieben?

Was treibt uns in die Hetze?
„Leben als letzte Gelegenheit", lautet der Titel eines Buches.[6] Wenn nur die irdische Lebenszeit zählt und wenn man an die Ewigkeit nicht mehr glaubt, muss die kurze Spanne des Lebens totales Glück und Erfolg bringen. Das führt dazu, immer rascher und hastiger zu leben. Solches Leben wird anstrengend, anfordernd und schließlich überfordernd. Die Verlustangst, „zu kurz zu kommen", treibt in die Hetze. Der Verlust der Ewigkeit verursacht den Dauerstress.

Wort in den Tag
„Es muss noch Leben ins Leben." „Das kann noch nicht alles gewesen sein." Der rastlose Glückssucher bis ins hohe Alter? Die Zeit ist der Herzschlag unseres Lebens. Ob am Ende zwangsläufig Herzrhythmusstörungen der Lohn sind?

7. Tag · Mittwoch

Umgang mit der Zeit

Es ist nicht egal, in welche Generation meine Lebenszeit fällt. Der letzte Krieg hat einer ganzen Generation die Jugendzeit geraubt. Es ist nicht egal, auf welchem Kontinent ich geboren wurde. Raum und Zeit bedingen sich gegenseitig.

Das Zeitbewusstsein ist in den Ländern der Erde sehr unterschiedlich. Es hängt wesentlich vom Zeitraum ab, in dem der Mensch lebt. Das Schritttempo der Menschen ist in verschiedenen Ländern unterschiedlich schnell. Auch Stadt und Land unterscheiden sich. Es gibt Städte, die wirken gestresst und hektisch. Ein Landmensch ist meistens froh, wenn er die Stadt wieder verlassen kann.

Bei einer Untersuchung in den Ländern Europas über die Unterschiede, wie man mit der Zeit umgeht, stellte man fest, dass es in Europa sogenannte „zeitvergessene" Länder gibt, nämlich die südlichen europäischen Staaten. Und es gibt die „zeitbewussten" Länder, wie zum Beispiel Deutschland, die Schweiz und die nordischen Staaten.

In den zeitbewussten Ländern ist die Zeit ein Rohstoff, den man nutzen muss: „Zeit ist Geld". Auch als Pensionär hat man einen Terminkalender, der bei jeder Abmachung zuerst befragt werden muss; Feste und Gespräche dürfen mit Hinweis auf den nächsten Termin jederzeit unterbrochen werden. Und im Zeitalter der Handys gibt es keine unantastbaren Zeiten mehr. Selbst im Gottesdienst klingeln die Handys. Das Handy hat immer Priorität.

In den „zeitvergessenen" Ländern hingegen ist im Allgemeinen die Beziehung zu Mitmenschen wichtiger. Wenn jemand wegen eines Termins ein Fest verlässt, beleidigt er den Gastgeber. Die Zeiten für Familienfeste und sonstige Feiern sind unantastbar und gehen jeder geschäftlichen oder dienstlichen Aufgabe vor. Man kann sagen, dass es große interkulturelle Unterschiede gibt in der Einstellung zu Terminen und zur Pünktlichkeit. Das Zeitbewusstsein bestimmt und verursacht Hast und Eile. Selbst das Schritttempo auf der Straße ist sichtbares Zeichen des

Zeitbewusstseins eines Volkes oder einer Stadt. Der in der westlichen Gesellschaft herrschende Zeitstress führt zu erheblichen psychischen Belastungen mit pathologischen Auswirkungen (Bluthochdruck, Herzprobleme etc.). Studien über das Lebenstempo zeigen, dass die Zahl der Menschen, die an Herzerkrankungen sterben, umso höher liegt, je „schneller" ein Land ist.[7]

Wort in den Tag
Heute möchte ich auf mein Schritttempo achten. Ich werde ganz bewusst langsam gehen, die Treppenstufen einzeln nehmen, beim Kollegen oder Freund stehen bleiben und ein paar Worte wechseln.

8. Tag · Donnerstag

Atempausen

Wir brauchen Atempausen, wenn wir vernünftig leben wollen. Die Unterbrechung ist ein Grundgesetz des Lebens. Jeder Atemzug braucht im Ein- und Ausatmen eine Unterbrechung. Jeder Herzschlag hat einen Rhythmus durch die Unterbrechung. Musik unterscheidet sich vom Krach und Lärm durch die Pausen.

Wenn es sehr eilt, setze ich mich ganz bewusst einen Augenblick hin. Danach geht es besser. In der Unterbrechung hinterfrage ich meine Oberflächlichkeit. In der Unterbrechung gebe ich Überraschungen eine Chance. In der Unterbrechung liegt die Geburtsstunde der Begegnung mit Gott.

„Die Unterbrechung ist die kürzeste Definition für Religion", sagt der Theologe Johann Baptist Metz. Wo wir unseren rasanten Lauf unterbrechen, kommen wir zur Besinnung. Wesentliche Fragen steigen in uns auf. Wenn wir immer in Bewegung sind, kommen wir außer Atem. Auch die Seele kann atemlos werden. Ich lebe mit Pausen. Jeder Atemzug kennt die Unterbrechung. Vom Herzschlag bis zum Wechsel von Tag und Nacht, von Arbeit und Ruhe – die Unterbrechung ist ein Geschenk für alle, die leben wollen.

Auch der Sonntag ist eine Unterbrechung. Der Sieben-Tage-Rhythmus scheint ganz tief in der Schöpfung eingeschrieben zu sein. Der Urlaub ist für mich eine wichtige Unterbrechung. Ich erfahre es immer wieder, wie wichtig kurze Unterbrechungen für mich sind. Allerdings erfahre ich auch, wie schnell die neuen Kraftreserven verbraucht sind.

Hartmut Rosa, Zeitforscher an der Universität Jena, widerspricht und meint, dass wir mit Kurzurlauben das Problem nicht lösen. Raus aus den vier Wänden, rein in den Flieger. Die drei Wochen Urlaub, lange geplant und mit viel Geld bezahlt, müssen die Erholung bringen. Aber was während des ganzen Jahres in Falten liegt, kann man nicht so schnell ausbügeln.

„Man fühlt sich im Alltag immer unter Zeitdruck, in gewisser Weise auch fremdbestimmt und denkt, man müsse das kompensieren durch eine Phase des Nichtstuns. Andere zimmern sich für den Urlaub ein Programm zusammen, das sie selbst wieder atemlos werden lässt, weil sie tausend Sehenswürdigkeiten nicht versäumen möchten oder weil sie sehr viel für ihre Gesundheit tun wollen."

Rosa glaubt, dass die Veränderungen der Zeitstruktur die Moderne bestimmen. Nach seinen Erkenntnissen führt die zunehmende Beschleunigung, die längst in allen Bereichen sichtbar ist, am Ende zu einem „rasenden Stillstand".

„Man muss erkennen, dass das Zeitproblem durch abwechselnde Bemühungen um Alltags-Beschleunigung und Urlaubs-Entschleunigung nicht zu lösen ist. Das Dilemma liegt in den gesellschaftlichen Grundstrukturen. Diese können nicht durch eine Wellness-Oase behoben werden."

Das Problem mit dem Urlaub zeigt, dass heute die Frage nach dem Umgang mit der Zeit sehr vielschichtig geworden ist. Wir werden diese Fragen in den nächsten Wochen immer wieder stellen. Hartmut Rosa bietet zwei Lösungen an: Wir müssen uns einschränken und bewusst Prioritäten setzen und wir brauchen „Ankerplätze". Wir brauchen in den rasanten Veränderungen Dimensionen, die wir stabil halten.[8] Darüber werden wir weitersprechen ...

Wort in den Tag

Wenn es sehr eilt, setze ich mich ganz bewusst einen Augenblick hin. Danach geht es besser. Atempausen, das Fenster öffnen und tief durchatmen, eine Tasse Kaffee, ein kurzer Spaziergang ... „Wenn es nicht mehr geht, dann geh!"

9. Tag · Freitag

Zeitersparnis

„Zeitersparnis" klingt wie ein Zauberwort. Überall die Zusage: „Zeitersparnis" und überall die Klage: Ich habe keine Zeit! Hört man auf die Ratschläge und Empfehlungen der Zeitmanager, müsste man das Problem doch eigentlich lösen können. Wenn man die vielen Bücher und Ratgeber sieht, sollte man meinen, die Zukunft beschert uns freie Mußestunden. Wenn man die „Ware Zeit" richtig verwaltet und organisiert, dann gewinnt man Zeit. Aber es ist sicher, dass wir sie gleich wieder verlieren, weil wir sie nicht für uns freihalten, sondern andere Verpflichtungen damit erledigen. Unterm Strich: Die Anstrengung lohnt sich nicht!

Jon Bischke erklärt in einem Zeitungsartikel, wie man 12 Stunden täglich sparen und somit den Tag besser nutzen kann. Und so rechnet er uns vor, wie man mit neuer Strategie im Alltag Zeit sparen kann: Optimiere deinen Schlaf! Du ersparst 1,5 Stunden. Optimiere deine Ernährung! Du ersparst 1,5 Stunden. Erledige mehrere Dinge gleichzeitig! Du sparst 2 Stunden am Tag. Organisiere dich richtig! Zeitersparnis: 1 Stunde. Lerne schneller zu lesen! Du sparst 0,75 Stunden. So kann man 12 Stunden am Tag gewinnen. Ist das nicht toll?

Alle Erfindungen bringen letztlich dem Menschen Zeitersparnis. Als das Wagenrad erfunden und die Buchdruckkunst erdacht wurde, waren das für den Menschen zeitsparende Hilfsmittel. Wie sehr hat die Erfindung des Autos unser Leben verändert! Lange Wege schrumpften. Die ersparte Zeit können wir heute ganz anders nützen. Und erst recht der Computer. Das Schriftbild ist perfekt. Die Schreibfehler korrigiert er automatisch. Die Texte kann er speichern. Und die Suchmaschine hilft mir, alles in Sekundenschnelle wiederzufinden. Wie viel Zeit habe ich durch die Suchmaschine „Google" schon gewonnen. In allen Lebensbereichen schafft die Technik Erleichterungen und erspart Zeit. Die Waschmaschine und der Trockner, der Gefrierschrank und der programmierbare Kochautomat.

Doch was geschieht eigentlich mit uns und mit der gewonnenen Zeit? Was machen wir falsch, sodass fast jeder klagt: „Ich habe keine Zeit"?

Ist die Suche nach Zeitgewinn vergebliche Liebesmüh? Alle, die Zeit sparen möchten, sollten den Versprechungen der Ratgeber misstrauen. Man kann Zeit nicht verschieben. Sie ist kein beliebig handhabbarer Gegenstand, den man wie eine Ware speichern und verwalten kann. Zeit ist nicht lagerfähig. Wir haben keine Macht über die Zeit. Die Zeit läuft stetig im gleichen Rhythmus ihren Weg. Wie schnell die Zuschauer im Stadion den Lauf eines Läufers einschätzen, ist eine subjektive Einschätzung und hängt von vielen Faktoren ab. Aber eine Zeitrafferkamera verändert nicht das Tempo des Laufes.

Der Zeitforscher Karlheinz Geißler behauptet: „Alles, was man der Zeit antut, tut man sich selbst an." Am Leben aber gibt es weder etwas zu managen noch kann man sicher sein, es im „Griff" zu haben. Das Leben ist eine Symphonie unterschiedlicher Zeiten. Wir kennen den Takt, den Rhythmus, die Gleichzeitigkeit, es gibt die Schnelligkeit, die Langsamkeit, das Warten, die Pause, die Wiederholung und vieles mehr. Dieser Wirklichkeit gilt es, gerecht zu werden.

Will man mit der Zeit versöhnt leben, muss man ihr gehorchen. Und so ist das je aktuelle Zeithandeln immer ein mehr oder weniger gelungener Kompromiss zwischen den Erfordernissen der zu bewältigenden Aufgaben und den eigenen, naturgegebenen Zeitdynamiken. Die anstrengende Balancearbeit dieser Zeitanforderungen ist das, was wir „das Leben" nennen.

Zeitberatung ist daher nur als Lebenszeitberatung sinnvoll und verantwortbar.[9] Nur so ist es erwartbar, dass man Zeiten statt Termine lebt. Das traditionelle Zeitmanagement und dessen „miles & more"-Ideologie befördern ihre ratsuchenden Kunden in jenes Dilemma, das bereits Goethe Anlass zur Klage bot: „Wir wollen alle Tage sparen und brauchen alle Tage mehr."

Wort in den Tag

In Antoine de Saint-Exupérys Werk „Der kleine Prinz" trifft dieser auf einen Händler, der mit einer absolut wirksamen, durststillenden Pille handelt. Man müsse nur jede Woche eine schlucken und spürt gar keinen Durst mehr:

„Warum verkaufst du das?", sagte der kleine Prinz. „Das ist eine große Zeitersparnis. Man spart 53 Minuten in der Woche." „Und was macht man mit diesen 53 Minuten?" „Man macht damit, was man will." „Wenn ich 53 Minuten übrig hätte", sagte der kleine Prinz, „würde ich ganz gemächlich zu einem Brunnen laufen ..."

10. Tag · Samstag

Langeweile, was ist das?

Die Zeit rast dahin. In der Langweile aber wird sie zur Unendlichkeit. Trotz Telefon und Television, trotz engem Zusammenleben und organisierter Freizeitgestaltung klagt jeder fünfte Bürger in unserem Land, dass er sich einsam fühlt. Einsam möchte aber keiner sein. Also stürzt man sich in Aktionen oder gibt Kontaktanzeigen auf. Weil sie sich vor der Langweile fürchten, suchen andere die Lösung in der Arbeit. Eine Chefsekretärin, die tagsüber mit aller Welt per Telefon und Internet kommuniziert, hat abends Angst vor ihren vier Wänden. Sie hasst das Alleinsein. Also macht sie Überstunden. Sie wird zum Workaholic.

Offensichtlich können wir die Zeit sehr unterschiedlich erleben. Die einen haben nie Langweile und wissen sich selbst zu beschäftigen. Andere glauben: Es muss immer etwas passieren. Das Fernsehen ist das einfachste Hilfsmittel der Ablenkung.

Zeit kann man messen. Deshalb tragen wir Uhren. Aber Zeit ist etwas, das wir nicht nur messen, sondern auch erleben können. Es gibt die objektive Dauer der Zeit, die subjektiv oft unterschiedlich lang erfahren wird. Die Langeweile ist eine Zeit, die nicht vergehen will. Es gibt Augenblicke, in denen die Zeit stillzustehen scheint.

In der Psychologie unterscheidet man zwischen objektiver und subjektiver Zeit. Unter objektiver Zeit versteht man die physikalisch messbare Zeit. Es gibt allerdings das Problem mit dem Begriff „objektiv", denn nach der Relativitätstheorie gibt es keine absolute Zeit.

Unter subjektiver Zeit versteht man das innere Zeitgefühl des Menschen, also die erlebte Zeit. Untersuchungen zeigen, dass zum Beispiel Menschen, die krank sind und Schmerzen haben, Wartezeiten als viel länger empfinden, als sie wirklich dauern. Oder aber, dass Menschen, die sehr konzentriert arbeiten, Sport treiben oder einen Kriminalroman lesen, nicht merken, wie viel Zeit vergangen ist.[10]

Theologen halten in ihrer Ausbildung Probepredigten. Ein einfaches Kriterium der Beurteilung ist die Befragung der Zuhörer.

Wenn die Predigt viel länger geschätzt wird, als sie in Wirklichkeit dauerte, hat die Predigt die Hörer nicht angesprochen. Die Predigt war gut, wenn sich die geschätzte Zeit der realen annähert.

Die Erfahrung der Zeit wird von der Qualität des Erlebten bestimmt. Entscheidend ist nicht die Zeitmessung, sondern die Erlebnisintensität. Nicht die Stunden, in denen wir nichts zu tun hatten, begründen die Langeweile. Langweile ist der Leerlauf, der sinnlos scheint.

Wort in den Tag
Sie kennen die Redensart: „Ich habe meine Zeit vergeudet!" oder „Wir haben unsere Zeit totgeschlagen!" Erinnern Sie sich an solche Situationen? Gibt es Menschen oder Orte, wo ich mich besonders oft langweile?

Was ist
eigentlich Zeit?

11. Tag · Montag

Was ist Zeit?

„Zeit" ist das Wort in unserer Sprache, das am häufigsten ge-
braucht wird. Jeder meint zu wissen, was Zeit ist. „Es ist jetzt
Zeit", sagen wir, wenn der Augenblick gekommen ist, dass wir
aufbrechen möchten. „Die Zeit läuft mir davon", sagen wir oder
„Ich habe keine Zeit." Wir sprechen von der Zeit, als sei sie ein
Gegenstand, den wir besitzen und verwalten.
Was ist die Zeit?
Wir sprechen von Vergangenheit, Gegenwart und Zukunft. Wir
benützen Kalender und Uhren, um die Zeit zu messen.
Was ist die Zeit? Wenn wir es noch genauer wissen wollen, was
die Zeit ist, dann greifen wir ins Leere. Die Zeit scheint nichts
Greifbares und objektiv Fassbares zu sein. Sie ist eine messbare
Größe, aber sie entgleitet uns sofort, weil sie immer weiterläuft
und nie anhält. Sie hängt von den Beziehungen ab, die die Men-
schen zu ihr haben. Sie existiert nur in Beziehung zum Raum.

Ist die Zeit also nur eine Hilfskonstruktion des Menschen? Alles
ist in Bewegung. Die Wolken ziehen und die Vögel fliegen. Die
Autos rasen und unsere Tage vergehen. Um die Bewegungen
messen zu können, brauchen wir einen festen Ort, der uns zum
Vergleichen dient.
Der Lauf der Sonne wiederholt sich immer wieder. An ihr kön-
nen wir Maß nehmen. In der Dauer eines Tages können wir am
Stand der Sonne die Stunden bestimmen. Mit den Sonnen-
uhren in der Antike gab man der Zeit ein berechenbares, sicht-
bares Maß.
Auch die Jahreszeiten sind ein wiederkehrender Rhythmus. Die
Erdumdrehung und die Bahnen der Sterne am Himmel sind
Erscheinungen von periodisch verlässlicher Präzision. Doch all
diese Berechnungen sind nicht präzise genug. Unseren Kalender
müssen wir durch den „Schalttag" alle vier Jahre nachbessern.
Aber wir besitzen doch verlässliche Zeitmesser. Die Schwin-
gungen eines Quarzkristalls liefern Daten, um die Dauer eines
Geschehens ganz genau zu messen.

Uhren sind für uns Hilfsmittel, um uns zu orientieren. So präzise sind unsere Uhren, dass kein Rennläufer die Zeitangaben bis auf die hundertstel Sekunde genau im Zielfoto in Zweifel zieht. Auch wenn wir die Zeit ganz exakt messen können, bleibt die Frage: Was ist eigentlich Zeit?

Albert Einstein hat 1905 mit der Relativitätstheorie den Zeitbegriff, der bis dahin gültig war, in Frage gestellt. Seitdem suchen Physiker und Wissenschaftler nach einem neuen Zeitbegriff. Kein Jahrhundert hat sich so intensiv diese Frage gestellt: Was ist eigentlich Zeit? Einstein hat darauf entwaffnend lapidar geantwortet: „Zeit ist, was man an der Uhr abliest."

Die einsteinsche Relativitätstheorie beschreibt Raum und Zeit als ein untrennbar gekrümmtes Gebilde. Schwere Objekte krümmen den Raum mehr und verlangsamen den Zeitfluss. Schnell bewegte Objekte unterliegen einem anderen Zeitfluss als weniger schnell bewegte. Die Zeit verstreicht also nicht überall gleich schnell.

Was ist Zeit? Es ist paradox. Je nachhaltiger wir die Zeit zu erfassen suchen, umso mehr entzieht sich die Zeit unserem Zugriff. Man weiß immer noch nicht, wann die Zeit begonnen hat. Man weiß nicht, ob es eine Zeit gibt, die für das gesamte Universum gilt. Einen objektiven Bezugspunkt für die Zeit hat kein Wissenschaftler bisher entdeckt. Verläuft die Zeit in alle Ewigkeit linear vorwärts oder bewegt sie sich im Kreis? Physikalische Erkenntnisse scheinen Zeitreisen in die Vergangenheit zu gestatten. Gibt es eine objektive Zeit und eine subjektiv erlebte Zeit? Manchmal scheint die Zeit für uns zu rasen. Ein anderes Mal bleibt sie fast stehen. Was Zeit ist, bleibt uns noch lange ein Rätsel.[11]

Wort in den Tag
Michael Ende trifft in seinem Buch „Momo" präzise das Wesen der Zeit: „Zeit ist Leben. Und das Leben wohnt im Herzen. Und je mehr die Menschen daran sparen, umso weniger haben sie." Was wir können? Unsere Tage mit Leben füllen. Denn: „Man kann seinem Leben keine Tage hinzufügen, aber den Tagen mehr Leben."

12. Tag · Dienstag

Aber was ist denn nun „Zeit"?

Die Zeit zu definieren scheint nicht möglich zu sein. Für den einen ist „Zeit" nichts anderes als das, was er auf seiner Armbanduhr abliest, für den nächsten ist sie ein stetiger Fluss oder nur eine Empfindung. Wieder für einen anderen ist sie nur eine mathematische Variable und manche Menschen glauben, dass sie gar nicht existiert.

Auch unser subjektives Verhältnis zur Zeit ist sehr unterschiedlich. Während sie für manche Leute reiner Luxus ist, haben andere so viel davon, dass sie nicht wissen, was sie damit anstellen sollen. Doch kann man überhaupt von „Zeit haben" sprechen? Ist es nicht immer nur eine Ausrede zu behaupten, man hätte keine Zeit? Wir haben immer Zeit für das, wovon unser Leben abhängt, oder für das, was uns ganz wichtig ist. Was man liebt, dafür hat man Zeit. Ob dieses Wort wirklich stimmt?

Oft wird das Wort zitiert: „Als Gott die Welt erschuf, gab er Afrikanern die Zeit und den Europäern die Uhr." Viele Afrikaner leben noch im natürlichen Rhythmus der Natur. Wer aber sein Leben von der Uhr diktieren lässt, hat wenig Zeit.

Augustinus hat sich im vierten Jahrhundert lange mit der Frage beschäftigt: Was ist Zeit? Er sagt, „seine Seele brenne zu wissen, was die Zeit ist". Er betet zu Gott, „er möge ihm offenbaren, was die Zeit ist". Und zum Schluss gesteht er: „Wenn mich niemand danach fragt, dann weiß ich es; wenn ich es einem, der mich fragt, erklären sollte, weiß ich es nicht." Augustinus fügt hinzu: „Kostbar ist mir jeder Tropfen Zeit!"[12]

Auch Albert Einstein hat die Antwort nicht gefunden: „Alle Schwierigkeiten könnten dadurch überwunden werden, dass ich anstelle der Zeit die Stellung des kleinen Zeigers meiner Uhr setze." Zeit ist also, was die Uhr zeigt?

Gibt es eine objektive Zeit, die nicht vom Betrachter abhängt? Oder gibt es nur das subjektive Zeitverständnis und Zeitverhältnis? Also eine Ich-Zeit und eine objektive Weltzeit? Augustinus hat nirgends zwischen einer inneren und äußeren Zeit unter-

36

schieden. Für den Naturwissenschaftler ist Zeit die grundsätzliche Koordinate. Den Raum misst er in den drei Dimensionen von Länge, Breite und Höhe. Die vierte Dimension ist die Zeit. Für den Physiker ist die Zeit eine Größe, die sich am präzisesten messen lässt. Atomuhren sind die genausten Geräte, die je von Menschen gebaut wurden. Sie benützt man heute zur Bestimmung der Zeitskala. Die Zeit ist Grundlage aller physikalischen Theorien, wie zum Beispiel die Relativitätstheorie von Albert Einstein zeigt. Zeit lässt sich messen, aber nicht definieren.[13]

Rudolf Wendorff hat ein Lehrbuch über die Zeit geschrieben. Darin sagt er, dass „Zeit" in seinen Augen eine Veränderung von Zuständen ist: „Das hört sich simpel an. Die eigentliche Frage sollte nun aber die nach der Ursache und nicht nach der Wirkung sein. Die Frage sollte also nicht lauten: ‚Was ist Zeit?', sondern: ‚Warum existiert die Zeit?' Das ist die Frage, die ich meine, wenn ich nach dem Wesen der Zeit frage." Und weiter: „Warum drehen sich die Planeten, Sonnensysteme und Galaxien ... warum expandiert das Universum, bewegen sich Autos, Menschen und Wasser ... warum also existieren wir und warum existiert unsere Welt in dieser Form? Denn genau genommen ist in dieser Welt nichts mehr so, wie es eben noch war, als man begann, diesen Satz auszusprechen."[14]

Die Zeit ist eine eigenständige Dimension in einem mehrdimensionalen Universum. Die Art und Weise, wie sie sich uns bemerkbar macht (in Form von Veränderung und Bewegung), scheint zudem eine Notwendigkeit zu sein, um Leben erst zu ermöglichen. Ohne das Phänomen Zeit würden wir nicht existieren, und allein die Tatsache, dass wir uns Gedanken dazu machen können, ist Beweis genug für ihre Existenz. Für uns ist es das Normalste, dass jeden Tag die Sonne auf- und untergeht. Und wir stellen uns mit unseren Lebensgewohnheiten darauf ein, ohne wirklich zu verstehen, warum alles so ist, wie es zu sein scheint.

Wort in den Tag

Die Zeit ist also immer eine Größe, die mit unserem Leben zu tun hat. „Zeit ist das, was wir daraus machen." Sie ist kein Objekt, das wir besitzen und verwalten, aber wir sind verantwortlich für jede Stunde, die wir leben. Wie nehme ich meine Verantwortung wahr?

13. Tag · Mittwoch

Geschichte der Zeitmessung

Heute ist es für uns kaum vorstellbar, ohne Uhren zu leben. Ein alter Ordensmann, der in Rotchina ins Gefängnis geworfen wurde, erzählte, es sei für ihn ganz schrecklich gewesen, dass er jede Zeitvorstellung verloren hätte. Man hatte ihm die Uhr weggenommen.

Woran hat der Mensch sich orientiert, als es noch keine Uhren gab? Die Geschichte der Zeitbestimmung beginnt vermutlich bei der Beobachtung der Sterne. Schon die Urmenschen beobachteten den Lauf der Sterne und der Sonne. Die alten Griechen verabredeten sich, indem sie die Länge ihres Körperschattens angaben. „Wir treffen uns, wenn mein Körperschatten vom Fuß aus etwa fünf Füße misst."

Als die Sonnenuhren aufkamen, klagte der römische Dichter Plautus: „Die Götter mögen den Mann verwünschen, der als Erster herausfand, wie sich Stunden unterscheiden lassen." Früher war der Magen die Sonnenuhr. Und der Hunger gab die Mittagszeit an. „Jetzt zerhacken die Sonnenuhren den Tag in kleine Fetzen." Schließlich waren die Sonnenuhren zu ungenau. Bei Bewölkung und in der Nacht funktionierten sie nicht.

Der antike Mensch bestimmte seine Zeit durch den zyklischen Ablauf von Ereignissen, religiösen Festen und Ritualen. Die Ägypter bestimmten zuerst ihre Zeitrechnung nach der jährlich wiederkehrenden Nilüberschwemmung. Aber schon im 3. Jahrtausend vor Christus setzten sie das Jahr in 12 Mondmonaten fest mit 365 Tagen. Diese Berechnung übernahmen Cäsar und die Römer. Sie ist noch heute die Grundlage unseres Kalenders. Die Babylonier kannten 12 Mondmonate. Aber um die Berechnung mit dem Sonnenumlauf in Einklang zu setzen, fügten sie alle drei Jahre einen Schaltmonat ein.

Die Berechnungen wurden immer exakter. Aber es dauerte Jahrhunderte, bis der Gregorianische Kalender in vielen Ländern eingeführt wurde. Dieser ist durch eine neue Schaltregelung so genau, dass der Ablauf des Kalenderjahres mit dem Rhythmus der Natur fast übereinstimmt.

In der Antike galt eine zyklische Zeitauffassung. „Alles kommt wieder." „Es gibt nichts Neues unter dem Himmel", sagte man. Das Christentum widersprach der zyklischen Zeitauffassung. Die Heilsgeschichte verläuft linear. Gott hat die Welt erschaffen. Sie findet ihre Vollendung wieder in Gott. Durch Christus ist Gott selbst in unsere Zeitgeschichte eingetreten. „Als die Zeit erfüllt war", geschah die Inkarnation. Ein offener Zeitraum ist die Zukunft, die der Mensch mitgestalten kann. Heilsgeschichte hält unsere Zukunft offen.

Mit der wachsenden Bedeutung der Handelsgilden und Zünfte in den Städten im 14. Jahrhundert wurde es immer dringlicher, dass man die Zeit untereinander abstimmte. Sie wurde durch Signale und Glocken markiert. Zünfte riefen durch laute Zeichen die Arbeiter wieder an den Arbeitsplatz. Das Mittags- und Abendläuten gibt es an vielen Orten ja noch heute. An den Kirchtürmen wurden Uhren für alle sichtbar angebracht. Mein Großvater stellte seine Taschenuhr nach der Turmuhr.

Im 17. Jahrhundert bestimmte in den Fabriken die Stechuhr exakt die geleistete Arbeitszeit. Pünktlichkeit wurde zum wichtigen Prinzip. Das Wirken auf Erden wurde jetzt zu einem Wettlauf gegen die Zeit. Die Imperative der Eile hießen nun: „Tempo, Tempo!" oder „dalli, dalli!" Der Drang nach Geschwindigkeit faszinierte die Menschen. Eilboten gab es schon lange. Die Eisenbahn verband mit Eilzügen die Städte. Die Entfernungen schrumpften. Die Begeisterung für die aufkommenden Rennautos hat sich nicht mehr abgeschwächt. Seit dem 17. Jahrhundert hat der Tempo-Virus die Menschheit ergriffen. Die Geschwindigkeit der modernen Welt wird jetzt zum Härtetest für die Nerven.

Eine paradoxe Entwicklung des Zeitempfindens setzte ein. Je effektiver der Mensch seine Zeit zu nutzen verstand, desto weniger Zeit blieb ihm für sein Privatleben. Es entstand das Gefühl permanenten Zeitmangels.

Im 20. Jahrhundert stößt man mit der technischen Beschleunigung an Grenzen. Die Zeit wird jetzt mit Atomuhren gemessen. Exakter geht es nicht mehr. Die Datenübertragung erfolgt mit Lichtgeschwindigkeit. Im engen Sichtfenster des Augenblicks kann der Mensch unzählige Informationen abrufen. Im postmodernen „Zeitnetz" kann man zur gleichen Zeit durch Medien und Internet an verschiedenen Orten der Erde sein. Auf Flughäfen und im virtuellen Raum des Internets findet man mehrere Uhren, um die Zeitverschiebung auf der Erde erkennbar zu machen. Und eine Olympiade in Peking können wir im Fernsehen ohne Probleme „live" mitverfolgen.

Der Umgang mit der Zeit geschieht sehr flexibel und individualisiert. Wir haben den Fremdzwang der Stechuhren des 19. Jahrhunderts überwunden. Wir bestimmen den Anfang und den Schluss der Arbeitszeit. Aber wir fangen nicht mehr an und hören nicht mehr auf. Wir tun möglichst alles zur gleichen Zeit, und das möglichst rasch. Unser Lebensstil ist „multitemporal" geworden. Wir frühstücken und lesen die Zeitung. Wir telefonieren und schreiben am Pult weiter. Wir fahren Auto, hören Radio und verhandeln per Telefon den Kaufvertrag. Wir sind zu „Simulanten" geworden. Wir treiben in einem Meer von Zeit dahin und suchen festen Boden unter unseren Füßen. Unser Boot wird von den Wellen der Zeit umhergetrieben. Wir suchen nach einem Ankerplatz.[15]

Wort in den Tag

Auch mein Umgang mit der Zeit ist durch die Geschichte und durch meine Erziehung bestimmt. Es gibt anerzogene Verhaltensweisen aus unserer Kindheit, die uns heute noch innerlich unter Druck setzen und nicht zur Ruhe kommen lassen. Beeil dich! Sei perfekt! Mach es allen recht!

Oder: Ich kann etwas unvollkommen lassen. Ich darf Schwächen zeigen und mir helfen lassen. Ich kann etwas gelassen tun ohne schlechtes Gewissen. Ich bin ich, und tu es auf meine Art. Ich bin hier – Ich lebe jetzt!

14. Tag · Donnerstag

Globalisierung

Unsere Zeit wird immer mehr geprägt durch das, was wir Globalisierung nennen. Dabei geht es um eine neue Qualität von Beschleunigungsprozessen. Das wird in Zukunft unser Zeitverständnis rund um den Globus verändern.

Globalisierung ist das „am meisten missbrauchte und am seltensten definierte Streitwort". Für viele ist es wie ein weit aufgerissenes Tor zur Welt, für andere ein Bedrohungsszenario. Es ist ein Wort, das Ängste auslöst, weil damit die Abwanderung von Arbeitsplätzen in Niedriglohn- bzw. Niedrigsteuerländer verbunden wird. Aber Globalisierung ist nicht nur negativ, auch wenn wir durch die weltweite Finanzkrise die problematische Seite kennenlernen. Sie ist auch keineswegs nur ein wirtschaftliches Phänomen. Internationale Politik ist ebenso eine globale Erscheinungsform, wie der länderübergreifende Klimaschutz. Auch der Tourismus oder der kulturelle Austausch über Landesgrenzen hinweg fördert die Globalisierung. Mit ihr werden wir leben müssen. Worauf es aber ankommt, ist, sie „menschengerecht" zu gestalten.

H. Zingel schreibt: „Globalisierung ist die Erweiterung und Intensivierung der Interaktionen zwischen bisher getrennten Räumen." Veränderungs- und Vernetzungsprozesse umfassen alle Lebensbereiche wie Wirtschaft, Umwelt, Gesundheit, Kultur. Die Beschleunigung ist rasant, weil Grenzen fallen, die Wege „kürzer" werden und besonders die Kommunikationstechnologie den Austausch von Informationen in Sekundenschnelle um die ganze Welt ermöglicht.

Die Grenzen zwischen den Staaten werden durchlässiger und die Entfernungen zwischen den Räumen eingeebnet. Es kommt zu einer Entgrenzung und Entzeitlichung.

Heute ist es möglich, per Internet Daten aus der ganzen Welt zu empfangen und in die fernsten Länder zu verschicken. So wird verständlich, was es bedeutet, Räume, die bislang voneinander getrennt waren, miteinander zu verbinden. Räumliche Grenzen werden überschritten und zeitliche Bedingungen verändert, als gäbe es sie überhaupt nicht mehr.

Der Aufhebung des Raumes entspricht die Aufhebung der Zeit, was vor allem ökonomische Bedeutung hat. Denn wenn die Börse in Frankfurt öffnet, sind die Abschlusskurse der asiatischen Finanzplätze schon bekannt, und wenn an der Wall Street der Börsentag beginnt, können die Kurstendenzen der europäischen Börsen berücksichtigt werden. Wenn Devisenmakler 24 Stunden am Tag an den Börsenplätzen der Welt präsent sind, um die Währungskurse zu beobachten, können sie schnell reich werden. Kleinste Unterschiede zwischen verschiedenen Währungen nutzen sie und machen riesige Gewinne. Die Finanzkrise, in die weltweit alle großen Banken hineingezogen wurden, hat uns die problematische Seite der Globalisierung vor Augen geführt.

Globalisierung bedeutet eine Verdichtung von Raum und Zeit. Es ist die Geschwindigkeit, die weit entfernte Räume zusammenwachsen lässt. Wenn heute etwa die Hotline des Neckermann-Konzerns angerufen wird, meldet sich eine weibliche Stimme, von der der Anrufer annimmt, dass die dazugehörende Person in Frankfurt sitzt. Weit gefehlt! Verbunden ist man mit einer türkischen Germanistikstudentin in Istanbul, die zu einem Bruchteil des Lohnes arbeitet, den ihre deutsche Kollegin erhalten würde. Dieses Beispiel veranschaulicht, worum es bei der Globalisierung[16] geht.

In diese Beschleunigung wird der Mensch hineingenommen. Wer in Zukunft erfolgreich sein will, muss schnell sein. Er ist durch sein Handy überall und immer erreichbar. Er trägt mit seiner „Blackbox" seine Bürounterlagen in der Jackentasche herum. Er antwortet per E-Mail und verfügt durch Internet über alle Informationen. Er ist vernetzt und zugleich Gefangener dieses Netzes. Wie lange hält der Mensch das aus, wenn er zu jeder Zeit und an jedem Ort erreichbar ist? In dieser Zeit der Beschleunigung suchen inzwischen viele nach Wegen der „Entschleunigung".

Wort in den Tag
Einen Tag im Monat (oder in der Woche) nicht erreichbar sein. Kein Handy, kein Telefon. Sich einen Klausurtag gönnen. Die Weisheit der Alten sagt: „Nur wer in der Wüste daheim ist, hat auf dem Marktplatz etwas anzubieten."

15. Tag · Freitag

Beschleunigung

„Eigentlich bin ich ganz anders, nur komme ich so selten dazu."
Dieses Wort von Ödön von Horváth beschreibt das Lebens-
gefühl vieler Menschen. Wir hetzen durch die Tage und kommen nicht zu dem, was uns eigentlich wichtig ist. Wir beschleunigen unsere Schritte und wir beschleunigen unser Redetempo,
doch was für uns persönlich wirklich wichtig ist, klammern wir
aus. Wir haben keine Zeit dafür.
Liegt dieser Beschleunigungsdruck an uns selbst oder ist er ein
Strukturproblem unserer modernen Gesellschaft? Das Problem
ist sozusagen in die Wurzeln der Moderne eingelassen, meint
Hartmut Rosa. Er nennt dafür zwei Gründe:
1. Vielleicht wird uns die Zeit in der Moderne so knapp, weil
unsere Zeit die Ewigkeit verloren hat. Eine panische Angst vor der
Gewissheit des Todes bestimmt bewusst oder unterbewusst die
Menschen unserer Tage. Die Kulturhistoriker führen diese Angst
der Moderne auf die Zeit der schwarzen Pest zurück. In einer
säkularen Gesellschaft, die kaum Hoffnungen auf ein Leben nach
dem Tod kennt, ist die Beschleunigung ein Ersatz für den Verlust
der Ewigkeit. Früher war die durchschnittliche Lebenserwartung
45 Jahre plus Ewigkeit. Heute ist sie „nur noch" 70 Jahre. Können
wir den Verlust der Ewigkeit kompensieren, indem wir schneller
leben? Können wir die Möglichkeiten an Erlebnissen in einer
Lebensphase verdoppeln? „Wir haben sozusagen ein ewiges Leben vor dem Tod. Leider funktioniert diese Theorie in der Praxis
schlecht." Das Leben wird ein Wettlauf mit der Vergänglichkeit.
Ohne Gelassenheit wird das Leben ein Dauerstress.
2. Einen weiteren Grund der Beschleunigung sieht Hartmut Rosa
in der kapitalistischen Organisation des Wirtschaftssystems. „Zeit
ist Geld", lautet hier die Kurzformel. Wer Erfolg will, muss schnell
sein. Es gibt also mehrere Wurzeln des modernen Beschleuni-
gungswahnsinns. Die Beschleunigung beherrscht fast alle Lebens-
äußerungen. „Die Moderne lässt sich deshalb geradezu durch das
Gefühl der knappen, davoneilenden Zeit definieren", schreibt
Hartmut Rosa.

Soziologische Untersuchungen zeigen, dass die Menschen in der sogenannten Moderne unter Stress und Zeitdruck leiden. Das Tempo des sozialen Wandels wird immer schneller. Es wird also immer schwieriger, auf dem Laufenden zu bleiben. Viele fühlen sich überfordert und haben das Gefühl, immer schneller rennen zu müssen, um mithalten zu können.

Wir sind großen Veränderungen ausgesetzt, ohne den Weg in die Zukunft kontrollieren zu können. Und besonders frustrierend ist es, weil wir uns eher als Opfer denn als Akteure erleben. Das führt an vielen Orten zu einer tief greifenden Erschöpfung.

Ein Gespür für den richtigen Zeitpunkt zum Handeln kann man nur entwickeln, wenn man in einer stabilen Umwelt lebt. Die Situationen müssen wiedererkennbar sein und sich wiederholen. Wo Mobilität und Flexibilität alles verändern, werden die Hintergrundbedingungen instabil. Wenn sich alles gleichzeitig ändert, dann entsteht so etwas wie „rasender Stillstand". Daraus ergibt sich das Problem, dass wir stets das Dringendste tun, aber für alles andere, was wichtig ist, keine Zeit mehr haben. Wir fühlen uns geschoben und manipuliert.

Das Zeitproblem löst man nicht durch Entschleunigungsversuche. Man kann den Alltag durch Urlaubstage unterbrechen. Doch Wellness-Oasen helfen nicht, das Dilemma zu lösen. Dies liegt in der gesellschaftlichen Grundstruktur.

Hartmut Rosa rät, Ankerpunkte zu setzen. Wenn die Beschleunigung immer noch zunimmt, müssen wir eine Gegenstrategie entwickeln. Beharrlichkeit ist im Leben absolut wichtig. Wir brauchen etwas, woran wir uns im Sturm festhalten. Das können die Familie oder Freundschaften sein. Das können Rituale am Morgen oder Abend sein, Praktiken der Entschleunigung, an denen man kompromisslos festhalten muss.

Ein Ansatz liegt darin, sich selbst einzuschränken.[17] Askese also nicht aus Lustfeindlichkeit, sondern aus Unlust am Überfluss. Früher übte man Konsumverzicht, um die Welt zu retten. Heute ist Konsumverzicht wichtig, um sich selbst zu retten. Wer an allen Rädern gleichzeitig drehen will, wird überhaupt nicht mehr bestimmen können, was in seinem Leben wichtig ist. Rosas These lautet: „Man braucht einen Ankerpunkt. Eine Dimension im Leben sollte man möglichst stabil halten."

Wort in den Tag

„Konnten die Menschen früher noch halbwegs das Gefühl haben, ihre Identität in einer gerichteten Zeit stabilisieren zu können, so geht uns heute die Balance zwischen Beharrung und Beschleunigung verloren." Sehen Sie für sich Wege, in dieser „Beschleunigungsgesellschaft" eine Gegenstrategie zu finden? Welche „Ankerpunkte" haben Sie?

16. Tag · Samstag

Biorhythmus

Was eine Nachteule ist und was ein Morgenmuffel, wissen die meisten Menschen. Gibt es unterschiedliche Zeittypen? Die einen können morgens nicht in die Gänge kommen, aber in der Nacht drehen sie auf. Gibt es so etwas wie eine innere Uhr?
In der Chronobiologie wird der Rhythmus der inneren Uhr untersucht, indem man zum Beispiel das Schlafverhalten, das sich im Laufe eines menschlichen Lebens ändert, und seine Abhängigkeit vom Hell-Dunkel-Rhythmus erforscht. In jedem Menschen ticken unzählige Zeitmesser. Sie unterscheiden zwischen hell und dunkel, zwischen Tag und Nacht. Sie regeln unsere Leistungsfähigkeit. Ob ein Mensch ein Morgenmuffel ist und abends aktiv, hängt von seinem Chronotyp ab und scheint genetisch bedingt zu sein. Aber auch die Sitten und Gewohnheiten spielen eine Rolle. Teenager sind extreme Nachtmenschen geworden. In einigen Schulen ist man deshalb dazu übergegangen, den Unterricht später beginnen zu lassen.

Vielleicht sind viele sogenannte Zivilisationskrankheiten langfristig Folgen eines Lebensstils gegen die innere Uhr. Vor 20 Jahren schliefen die Menschen durchschnittlich eine Stunde länger. Schichtarbeiter leiden überdurchschnittlich häufig an Herz-Kreislauf-Erkrankungen. Die innere Uhr kann durcheinanderkommen. Schlafstörungen können sehr unangenehm werden. Die Piloten, die Jahre lang über den Atlantik fliegen, büßen manchmal mit unheilbaren Schlafstörungen.
Ist der Sieben-Tage-Rhythmus der Woche in die Schöpfung hineingelegt? Um des Menschen willen schreibt das göttliche Gesetz vor, den siebten Tag als Tag des Herrn (Domenica) zu heiligen. Die Sabbatruhe ist ein Geschenk an den Menschen. Der Sieben-Tage-Rhythmus ist ein tiefes Bedürfnis der ganzen Schöpfung. In der Französischen Revolution und später nach der Oktoberrevolution in Russland gab es Versuche, die sogenannte Dekade, die Zehn-Tage-Woche, einzuführen. Man erlebte, dass die Pferde vor den Pflügen zusammenbrachen.

Schon 1729 stellte ein französischer Forscher fest, dass Pflanzen in dunkler Isolation dennoch ihre Blätter am Abend einrollten und am Morgen entrollten, obwohl es für die Pflanze dunkel blieb. Innere Kalender und Uhren entscheiden, wann Blumen blühen, Zugvögel wandern, Schafe fruchtbar werden. Die Natur hat im Laufe der Entwicklung ein stabiles, inneres Uhrwerk geschaffen.

In nordischen Ländern erleben Menschen in jedem Winter einen starken Lichtmangel. Gegen Winterdepressionen empfehlen die Ärzte einen Urlaub im Süden. Oder sie empfehlen heute den Depressiven eine Lichttherapie. Spezielle Lampen leuchten hell wie das Tageslicht.

Die Chronobiologie und Chronomedizin stehen erst am Anfang.[18] Aber es ist klar, dass die Uhr an unserem Arm nicht das Maß aller Dinge ist. Wir leben zwar nach der Uhr, pünktlich und korrekt, aber wir müssen wieder lernen, auf unsere innere Uhr zu achten. Einen Biorhythmus am Tag kann jeder für sich feststellen. Körper und Geist des Menschen sind nicht zu jeder Tageszeit gleichermaßen leistungsfähig. Es gibt Hochs und auch Tiefpunkte. Wer sie kennt, kann seinen Tagesablauf darauf abstimmen.

Wort in den Tag

Versuchen Sie einen Tagesablauf für sich zu erstellen, der Ihre Wach-Phasen und Ihre Ermüdungs-Phasen berücksichtigt. Wie viel Zeit gönnen Sie sich täglich für den Schlaf und für Erholungsphasen?

Jetzt ist die Stunde ...

Alois Albrecht

Umgang mit der Zeit in der Literatur

17. Tag · Montag

Kurt Tucholsky: Wer hat denn Zeit? – Die Stechuhr

„Der Berliner hat keine Zeit. Der Berliner ist meist aus Posen oder Breslau und hat keine Zeit. Er hat immer etwas vor, er telefoniert und verabredet sich, kommt abgehetzt zu einer Verabredung und etwas zu spät – und hat sehr viel zu tun. In dieser Stadt wird nicht gearbeitet – hier wird geschuftet. (Auch das Vergnügen ist hier eine Arbeit, zu der man sich vorher in die Hände spuckt, und von dem man etwas haben will.) Der Berliner ist nicht fleißig, er ist immer aufgezogen. Er hat leider ganz vergessen, wozu wir eigentlich auf der Welt sind. Er würde auch noch im Himmel – vorausgesetzt, dass der Berliner in den Himmel kommt – um viere ‚was vorhaben'."[19]

Im Jahr 1919 schrieb Kurt Tucholsky diesen bissigen Kommentar. Inzwischen trifft die Aussage auf viele Städte und Orte zu. „Wenn Zeit Geld ist", leben viele die 24 Stunden des Tages wie mit einer Stoppuhr in der Hand.

Zeitkontrolle begann schon im Mittelalter. Wenn Arbeiter und Handwerker pünktlich sein sollten, dann brauchte man Zugang zur gemessenen Zeit. Turmuhren wurden in großen Städten zwar schon im Mittelalter üblich, aber reichten später nicht für die Bedürfnisse der Fabriken. In den Fabriken mussten die teuren Maschinen möglichst rund um die Uhr bedient werden. Also mussten die Arbeiter pünktlich zu ihrer Schicht kommen. Das Problem wurde durch Stempeluhren und Stechuhren gelöst. Nach 1900 wurden solche Stechuhren, die in Amerika erfunden wurden, auch in Deutschland verbreitet.[20]

Mit den Fabrikuhren, den Stempel- oder Stechuhren wurden verschiedene Ziele verbunden. Die Fabrikuhr konnte die Willkür des Arbeitgebers, die Arbeit beliebig zu verlängern, unterbinden. Sie half auch den Arbeitern im Kampf um eine Verkürzung der Arbeitszeit. Die Stechuhr zeigte auf der einen Seite dem Arbeitgeber, dass der Arbeiter die geforderte Zeit erbracht hatte, doch andererseits unterwarf sich der Arbeiter der Werkdisziplin

und strenger Kontrolle. Hinter geschlossenen Werkspforten wurde die Zeit genau analysiert, gemessen und kontrolliert. Am Fabriktor hatten Demokratie und individuelle Freiheit ein Ende. Der exakte Umgang mit der Uhr, den man in der Arbeitszeit einübte, bestimmte später auch die Freizeit. Absprachen mit Kollegen und Freunden in der Freizeit verlangten Pünktlichkeit. 1919 mussten die Berliner das noch lernen. Und in dieser Stadt wird nicht gearbeitet, meint Tucholsky, hier wird geschuftet. Auch die Freizeit unterliegt dem Zeitdruck. Sogar das Vergnügen ist Arbeit. „Der Berliner ist nicht fleißig, er ist immer aufgezogen. Er hat leider ganz vergessen, wozu wir eigentlich auf der Welt sind."
Ob das „Schuften", wie Tucholsky es beschreibt, inzwischen alle Menschen ergriffen hat? Ist Freizeit noch „freie Zeit"? Wie vielen Joggern bin ich schon begegnet mit der Stoppuhr in der Hand!

Wort in den Tag
Auf meine freie Zeit möchte ich heute achten. Ist sie Fortsetzung der Arbeitszeit oder wirklich „Freizeit"? Finde ich überhaupt Zeit für Muße und Gelassenheit?

18. Tag · Dienstag

Blaise Pascal:
Die Gegenwart zählt

Blaise Pascal (1623–1662) schrieb in den Pensées:
„Niemals halten wir uns an die Gegenwart. Wir nehmen die Zukunft vorweg, als käme sie zu langsam, als wollten wir ihren Gang beschleunigen; oder wir erinnern uns der Vergangenheit, um sie aufzuhalten, da sie zu rasch entschwindet:
Torheit, in den Zeiten umherzuirren, die nicht unsere sind, und die einzige zu vergessen, die uns gehört. Eitelkeit, denen nachzusinnen, die nicht sind, und die einzige zu verlieren, die besteht, nämlich die Gegenwart. Wir verbergen sie vor uns, weil sie uns bekümmert; und wenn sie uns freundlich ist, bedauern wir, sie entschwinden zu sehen ... Wer seine Gedanken prüft, wird sie alle mit der Vergangenheit oder mit der Zukunft beschäftigt finden. Kaum denken wir je an die Gegenwart und denken wir an sie, so nur, um hier das Licht anzuzünden, über das wir in der Zukunft verfügen wollen. Niemals ist die Gegenwart unser Ziel. Wir nehmen die Zukunft vorweg. So leben wir nie, sondern hoffen zu leben, und so ist es unvermeidlich, dass wir in der Bereitschaft, glücklich zu sein, es niemals sind."[21]
„Sorge dich nicht, lebe!", lautet der Titel eines Buches von Dale Carnegie, das zum Bestseller wurde. Die häufigste Ursache der Magengeschwüre und vieler anderer psychosomatischen Krankheiten sind die Sorgen, die uns quälen. Sie entstehen, wenn sich Probleme der Vergangenheit in unserem Inneren festsetzen oder wenn Sorgen um die Zukunft unsere Tage verdunkeln. Der Mediziner Carnegie bestätigt die Gedanken des Philosophen Blaise Pascal: „Niemals halten wir uns an die Gegenwart. Wir nehmen die Zukunft vorweg ... oder halten uns an der Vergangenheit fest."[22]
Der Bestseller „Sorge dich nicht, lebe!" hat viele zur Besinnung und Umkehr aufgerufen. Verändert hat er vermutlich nicht viel. Magengeschwüre sind in den USA zur Volkskrankheit geworden. Eine Frau aus New York sagte: „Ich geriet in einen Dauer-

stress. Ich musste immer schneller arbeiten, weil ein gewaltiger Schuldenberg auf meinen Schultern lag." So hat sie die Balance verloren. Ihr Leben wurde nur noch Arbeit. Sie wurde zu einem „Workaholic".

Aller Fortschritt ist darauf angelegt, Zeit zu gewinnen. Aber wir gewinnen keine Zeit. Sie wird gleich wieder verplant und in Beschlag genommen. Viele Menschen leben „auf Pump". Die Last der Zinsen legt ihnen ein Korsett an. Ihre Zeit können sie nur noch „gewinnbringend" einsetzen. Da bleibt kein Spielraum für Freizeit und Urlaub. Überstunden leistet man bereitwillig. Die Sorgen um die Zukunft drücken schwer.

Das Maß geht verloren und die Balance zwischen Arbeitszeit und freier Zeit, Aktion und Kontemplation, zwischen „Marktplatz und Wüste".

Und in Zukunft werden wir noch schneller, sagen die Zeitforscher. Zeit wird sich nicht verändern, aber der Umgang mit der Zeit wird sich verändern. Flexibilität und Mobilität sind verlangt. Zum Beispiel wird der Zugang zu allen Daten in Zukunft über digitale Straßen erfolgen. Überall sind wir vernetzt. In Lichtgeschwindigkeit kann man an jedem Ort alles erfahren, beantworten und erledigen.

Früher hatten die Uhren einen Sekundentakt. Turmuhren hatten einen Stundenschlag. Heute zeigt das Zifferblatt vieler Uhren nur noch eine Zahl an. In Zukunft kennt die Zeit keinen Takt mehr. Sie fließt in Lichtgeschwindigkeit dahin. Sie ist „taktlos" geworden. Nicht mehr „Schritt für Schritt" vollenden wir unsere Aufgaben, sondern möglichst viele Dinge gleichzeitig.

Wir werden noch schneller. Und der Mensch? Er verliert die Balance und bekommt Magengeschwüre. Es lohnt sich für jeden, über Beschleunigung und Entschleunigung, über Schnelligkeit und Langsamkeit nachzudenken. Den Umgang mit der Zeit werden wir neu einüben müssen. Sonst ist das ist kein Leben mehr! Die Chance, die uns bleibt? Den Augenblick, die Gegenwart mit Leben zu erfüllen.

Wort in den Tag

„Torheit, in den Zeiten umherzuirren, die nicht unsere sind, und die einzige zu vergessen, die uns gehört – der Augenblick. Eitelkeit, denen nachzusinnen, die nicht sind, und die einzige zu verlieren, die besteht, nämlich die Gegenwart."

Ich wünsche mir heute einige Augenblicke, wo ich mich frei fühle und glücklich bin. Jonathan Swift (1667–1745), irischer Schriftsteller und scharfzüngiger Satiriker, darf nicht recht behalten: „Genau genommen leben sehr wenige Menschen in der Gegenwart. Die meisten bereiten sich darauf vor, demnächst zu leben."

19. Tag · Mittwoch

Andrea Schwarz: Entschleunigen

Teilnehmer von Exerzitienkursen und Besinnungstagen habe ich oft mit dem Text von Andrea Schwarz[23] in die Stille und ins Schweigen eingeladen. Die meisten fanden ihr Problem in den Worten wieder und waren betroffen:

Entschleunigen

Was ist los
mit unserer Welt?
was ist los
mit unserer Zeit?

immer mehr
immer besser
immer schneller

schneller
besser
mehr

lauter
hektischer
angestrengter

noch eine Idee
noch ein Termin
noch eine Aktivität

noch ein Plan
noch eine Veranstaltung
noch ein Gremium

wir legen uns krumm
sichern uns ab
amüsieren uns zu Tode

wir stopfen uns voll
mit Bildern und Eindrücken
Lärmen und Hast

und machen
und machen
und tun

wir strengen uns an
wir strengen uns noch mehr an
– und doch ändert sich nichts

Also
noch mehr tun
und noch mehr machen

noch besser
noch schneller
noch mehr?

noch mehr
von demselben

das scheint
nicht der Weg zu sein
der unsere Sehnsucht stillt

ganz im Gegenteil

ein dumpfer Verdacht
beschleicht mich

könnte es sein
dass wir
das Eigentliche verloren
vergessen
verdrängt haben

dass wir unsere Wurzeln
abgeschnitten
unseren Grund verlassen
die Quellen zugeschüttet
haben?

könnte es sein
dass wir gerade deshalb
so viel tun?

könnte es sein
dass wir die Fragen
nicht mehr aushalten
und deshalb dauernd Antworten geben?

könnte es sein
dass wir die Leere nicht mehr aushalten
und uns deshalb
so mit Bildern und Worten anfüllen?

könnte es sein
dass wir die Stille nicht mehr aushalten
und deshalb so laut geworden sind?

könnte es sein
dass wir uns selbst nicht mehr aushalten
und uns deshalb so nach außen orientieren?

könnte es sein
dass wir vor lauter Unterwegs-Sein
das Ziel aus den Augen verloren haben?

könnte es sein ...

vielleicht
ist jetzt
etwas anderes
angesagt

vielleicht
müssen wir den Teufelskreis
von Machbarkeit

von Leistung
und Tun
neu durchbrechen

um das zu finden
was wir wirklich suchen
damit unser Herz ruhig wird
unsere Sehnsucht sich stillt

vielleicht ist jetzt
innehalten angesagt
Tempo herausnehmen

entschleunigen
sich neu orientieren
den Weg neu
bestimmen

vielleicht ist es angesagt
Abschied zu nehmen
vom Glauben an die Mach-
barkeit
vom Überzeugt-Sein
„alles-hängt-allein-an-mir"

vom Glauben an die Götzen
Macht
Besitz
Leistung

vielleicht
ist
lassen
angesagt

sich lösen
von vordergründig Wichtigem

sich lösen
von Erwartungen
Bildern
Ideen

um neu hinzuschauen
hinzuhören
sich hinzugeben

in den Strom
der Lebendigkeit

in die Liebe
Gottes

um neu
zu sein
und neu
zu werden

Andrea Schwarz

Die Beschleunigung ist nicht nur in den Institutionen, sondern auch in unserem persönlichen Leben angekommen. Der rasende Lauf der Zeit macht uns zu „Simulanten", behaupten die Zeitforscher. Zur gleichen Zeit versuchen wir mehrere Dinge zu tun. Könnte es sein, dass wir die Stille gar nicht mehr aushalten? Es muss immer etwas geschehen. Erst dann ist die Zeit sinnvoll genutzt. Wird der Mensch dabei zum Roboter, der perfekt funktioniert? Wo bleibt unsere Seele dabei?

Andrea Schwarz empfiehlt: Abschied nehmen, aussteigen, loslassen. Das bedeutet: entschleunigen, den Teufelskreis von Machbarkeit, Leistung und Tun durchbrechen, auf unsere tiefere Sehnsucht achten.

Aber das muss man neu einüben: loslassen und sich lösen von Erwartungen und Absichten. Einfach da sein können – absichtslos. Den Strom des Lebens in sich fließen lassen und die Liebe Gottes wieder spüren.

Hartmut Rosa würde hinzufügen: Ankerplätze entdecken in den rasanten Veränderungen unserer Tage; wiederholbare Rituale sich aneignen; feste Strukturen haben.

Wort in den Tag
Welches Wort im Text von Andrea Schwarz ist für mich persönlich besonders wichtig? Vielleicht kopiere ich diesen Text und nehme ihn als Taschenzettel mit in den Tag und lese ihn in einer Atempause noch einmal?

20. Tag · Donnerstag

Michael Ende: Momo

„Momo" ist die seltsame Geschichte von den Zeit-Dieben und von dem Kind, das den Menschen die gestohlene Zeit zurückbringt.

Michael Ende schrieb dieses Buch, das von sehr vielen Menschen gelesen wurde. 1986 hat Johannes Schaaf Michael Endes Märchen „Momo" verfilmt.

Eine gespenstische Gesellschaft „grauer Herren" veranlasst immer mehr Menschen, Zeit zu sparen. Aber in Wirklichkeit betrügen sie die Menschen um diese ersparte Zeit. Momo ist ein kleines Mädchen, das in den Ruinen eines kleinen, römischen Amphitheaters am Rande der Stadt wohnt. Momo versteht es, anderen zuzuhören. So gewinnt sie das Vertrauen der Menschen, die ihr Herz dem kleinen Mädchen ausschütten, weil keiner mehr Zeit hat, wirklich zuzuhören. Das ist vergeudete Zeit.

Die Zigarre rauchenden, aschgrauen Herren mit bleigrauen Aktentaschen verstehen sich auf die Zeit, „so wie Blutegel sich aufs Blutsaugen verstehen". Sie reden den Menschen ein, sie dürften nur noch Nützliches tun, um Zeit zu sparen. Der Friseur zum Beispiel hört auf, mit seinen Kunden zu plaudern, und schneidet ihnen nun die Haare in 20 statt in 30 Minuten. Seine alte taube Mutter, für die er sich bisher jeden Tag Zeit nahm, bringt er in ein Altenheim.

Ein grauer Herr spricht auch mit Momo: „Man muss nur immer mehr und mehr haben, dann langweilt man sich niemals", behauptet er. Doch Momo fragt ihn, ob ihn jemand lieb hat. Da verrät er ihr, dass die grauen Herren nicht ohne das von den Menschen angesparte „Zeitguthaben" existieren können.

Momo und ihre Freunde rufen zu einer großen Versammlung auf, um die Wahrheit über die grauen Herren zu verbreiten, aber kein Erwachsener folgt ihrer Einladung. Da führt die Schildkröte Kassiopeia Momo zu Meister Hora, der die Zeit verwaltet.

Als die Not am größten ist und die Welt den grauen Herren schon endgültig zu gehören scheint, entschließt sich Meister Hora, der geheimnisvolle „Verwalter der Zeit", zum Eingreifen.

Doch dazu braucht er die Hilfe eines Menschenkindes. Die Welt steht für eine Stunde still und Momo, die kleine Heldin der Geschichte, kämpft ganz allein, mit nichts als einer Blume in der Hand und einer Schildkröte unter dem Arm, gegen das riesige Heer der grauen Herren – und siegt auf wunderbare Weise. Momo kann den Menschen die geraubte Zeit zurückgeben. Die Welt gewinnt dadurch wieder an Farbe.[24]

Die Fantasiewelt der Erzählung wird viele Leser an Probleme unserer Tage erinnern. Die Menschen sollen Zeit sparen. Sie werden aber in Wahrheit um ihre Zeit betrogen. Zeitersparnis ist wie ein Zauberwort auch in unserer Gesellschaft. Viele wollen Zeit gewinnen, verpassen aber, im Jetzt zu leben. Im Märchen werden die Tage deshalb immer kürzer.

Das Buch ist eine Allegorie auf das, was Michael Ende als „unsere heutige Kultur" empfindet. Unser ganzes Leben ist dem Streben nach Nützlichkeit und Wachstum untergeordnet. Wir opfern unsere Zeit dafür. Die grauen Männer, die die ersparte Zeit der Menschen verschlingen, symbolisieren unser Gewinnstreben. Diese Kultur ist eng mit dem heutigen Zeitbegriff verbunden. Nicht für die Zeitsparkasse, wo wir für die Zukunft ein glückliches Leben versprochen bekommen, dürfen wir unsere Zeit opfern, sondern Zeit ist uns jetzt geschenkt, damit wir wirklich leben. Dann wird die Welt bunt und schön und die Liebe kehrt zurück in unser Leben.

Wort in den Tag
Heute pflücke oder kaufe ich mir einen Blumenstrauß und stelle ihn in mein Zimmer.
Meine Welt muss bunter werden. Vielleicht verschenke ich einige Blumen an einen Bekannten, den der „graue" Alltag plagt.

21. Tag · Freitag

Heinrich Böll: Verlorene Zeit

Nach einer Kurzgeschichte von Heinrich Böll lässt sich ein wichtiges Problem der Moderne wie folgt beschreiben:

Ein Fischer sitzt am Strand und blickt auf das Meer, nachdem er die Früchte seiner mühseligen Arbeit auf den Wochenmarkt gebracht hat. „Warum nehmen Sie denn nicht einen Kredit auf", fragt ihn ein Tourist. „Dann können Sie einen Motor kaufen und das Doppelte fangen. Das bringt Geld für einen Fischkutter und einen Angestellten ein. Zweimal täglich auf Fang hieße, das Vierfache verdienen! Warum eigentlich herumtrödeln? Auch ein dritter Fischkutter wäre dann machbar; das Meer könnte viel besser ausgenutzt werden, ein Stand auf dem Markt, Mitarbeiter, ein Fischrestaurant, eine Konservenfabrik ..." Dem Touristen leuchten die Augen. – „Und dann?", unterbricht ihn der Fischer. – „Dann brauchen Sie gar nichts mehr zu tun. Dann können Sie den ganzen Tag hier sitzen und glücklich auf Ihr Meer hinausblicken!" – „Aber das tue ich doch jetzt schon", sagt darauf der Fischer.[25]

In unserer Gesellschaft besitzen zahlreiche Menschen so viel, dass sie nur einen Bruchteil davon genießen können. Sie verdienen so viel, dass sie es für sich nicht verbrauchen können. Sie häufen Reichtümer an, investieren und finanzieren; ihr Grundkapital wächst täglich. Glänzende Aussichten, die Zukunft scheint mehrfach gesichert. Doch ist das ein Leben?

Es bleibt der Zweifel, ob das richtig ist, wie wir leben. Der Tanz um das Goldene Kalb wird immer heftiger. „Geld regiert die Welt." Ist das die Maxime unseres Lebens? Die Ursache der weltweiten Finanzkrise im Jahr 2008 sei Geiz und Habsucht gewesen, behaupten einige.

Der Apostel Paulus schreibt in seinem Brief an Timotheus: „Die Wurzel aller Übel ist die Habsucht. Nicht wenige, die ihr verfielen, sind vom Glauben abgeirrt und haben sich viele Qualen bereitet" (1 Tim 6,10).

Was ist der Geiz? Er ist die verschlingende, leidenschaftliche Gier nach materiellem Besitz. Der Geiz ist das Verlangen, diesen

Besitz mit keinem anderen zu teilen, sondern ihn zu horten und festzuhalten. Den Geizigen quält die Verlustangst.

Und was ist Habgier? Der Geiz besteht in der Anhäufung von Reichtum, die Habsucht ist das Streben nach Reichtum. Der Habsüchtige ist gierig. Deshalb will er dem anderen seinen Besitz wegnehmen. Der Geizhals hütet das, was er hat. Geiz und Habsucht treiben die Besessenen dazu, immer hinter etwas herzurennen, was nie Befriedigung bringt.

Das Haben- und Besitzen-Wollen ist eine Art Einverleiben, wie beispielsweise das Essen. Der Säugling neigt in einer bestimmten Phase seiner Entwicklung dazu, Dinge, die er haben möchte, in den Mund zu stecken. Das ist seine Art des Besitzergreifens. Auch dem Konsumentenverhalten liegt der Wunsch zugrunde, die ganze Welt zu verschlingen. Der Konsument ist der ewige Säugling, der nach der Flasche schreit. Das wird offenkundig bei pathologischen Phänomenen wie Alkoholismus und Drogensucht. Wie gut versteht es die Werbung, unseren Appetit anzuregen.

Wie viel Zeit investieren wir beim „Tanz um das Goldene Kalb"? Ist es nicht zu schade, seine Lebenszeit nur den Götzen Reichtum und Erfolg zu opfern? Wer kann schon als Einzelner gegen diese kollektive Einstellung etwas ändern? Wer kann sich verweigern und aussteigen? Was können wir tun, um vor Geiz und Habsucht geschützt zu sein? Gibt es Wege, die uns von der Besessenheit des Geldes befreien?

Wort in den Tag

Geiz und Habsucht sind nicht einfach zu besiegen. Früher kannte man ein Trainingsprogramm. „Askese" hieß das Wort. In der Fastenzeit versucht man, durch freiwilligen Verzicht ein Stück Freiheit zu gewinnen. Bei der Askese geht es nicht um eine düstere Kasteiung des Fleisches, sondern um ein Trainingsprogramm zur Unabhängigkeit von all den Zwängen, die unser Leben bestimmen.

Kenne ich meine Zwänge und Abhängigkeiten? Kann ich meine Freiheit mit Verzicht und Askese einüben?

22. Tag · Samstag

On Kawara: Ein Augenblick meiner Lebenszeit

Kein Text, sondern ein Kunstwerk soll heute der Schlüssel zum Verständnis meiner Lebenszeit sein. Auf der Dokumenta-Ausstellung in Kassel im Jahr 2002 setzte der japanische Künstler On Kawara zwei Schauspieler in einen Glaskasten. Sie lasen die Jahreszahlen von 998 031 vor Christus bis 1969 (Vergangenheit) und von 1999 bis 1 001 998 (Zukunft) laut vor. Der eine Sprecher zählte die Jahre rückwärts in die Zeit hinein, der andere vorwärts. Viele schüttelten den Kopf. Sie hielten das Ganze für verrückt. Wer sich einließ, wurde konfrontiert mit der eigenen Lebenszeit. Mit Spannung erwartete man die Zahl seines Geburtsjahres. Die Jahreszahlen laufen unaufhaltsam weiter. Und welche Jahreszahl wird mein Todesjahr sein? Diese kleine Spanne zwischen Geburt und Tod in der Reihe der vielen Jahre? Wie rasch die Zeit dahineilt.

Meine Zeit ist begrenzt. Jeder Augenblick ist gleich wieder Vergangenheit. Wehmut kommt auf bei so vielen Abschieden. Von Abschied zu Abschied, bis uns der letzte gelingt. Der Zahn der Zeit nagt an allem, bis wir das Zeitliche segnen. Und je älter ich werde, desto schneller vergeht meine Zeit. Die Jahre eilen dahin, bis meine Zeit in die Ewigkeit mündet.

Vergangenheit bleibt vergangen. Zukunft aber ist offen. Berührt auch meine Zeit die Ewigkeit? Im biblischen Buch Kohelet 3,11 heißt es: „Gott hat für alles eine Zeit vorherbestimmt, zu der er es tut; und alles, was er tut, ist vollkommen. Dem Menschen hat er eine Ahnung von dem riesigen Ausmaß der Zeiträume gegeben (‚Ahnung' müsste man wörtlich übersetzen: ‚die Ewigkeit ins Herz gelegt'), aber von dem, was Gott in dieser unvorstellbar langen Zeit tut, kann der einzelne Mensch nur einen winzigen Ausschnitt wahrnehmen" (Gute Nachricht-Übersetzung).

Ich weiß, dass der winzige Ausschnitt meiner Lebenszeit in Gottes Hand geborgen ist. Vergänglichkeit ist meine Erfahrung, Ewigkeit die Verheißung. Gott hat die Ewigkeit in das Herz des

Menschen gelegt. So bleiben im Herzen die unstillbare Sehnsucht und der Ruf nach Ewigkeit. Sehnsucht ist die charmante Art Gottes, sich beim Menschen in Erinnerung zu halten.

Die Tage und Jahre schwinden dahin. Man kann die Jugend nicht mit Schminke und Schönheitsoperationen festhalten. Die Beschäftigung mit der Zeit macht deutlich, wie vergänglich jeder Augenblick ist. Wir leben zwischen Vergangenheit, Gegenwart und Zukunft. Aber immer ist es nur der Augenblick, in dem wir wirklich leben. Schon Augustinus hat das erklärt. Er schrieb: „Das ist wohl klar und einleuchtend, dass weder das Zukünftige noch das Vergangene wirklich existiert. Eigentlich kann man gar nicht sagen: Es gibt drei Zeiten, die Vergangenheit, Gegenwart und Zukunft ... In unserem Geiste sind sie wohl in dieser Dreizahl vorhanden, anderswo nehme ich sie nicht wahr."[26]
Wie schnell vergeht der Augenblick. Er ist schon für jeden gleich vorbei, in dem Augenblick, wenn er diese Zeilen liest. Flüchtig und vergänglich ist alles. Wenn nur der Augenblick Gegenwart ist, dann haste ich von Augenblick zu Augenblick. Werde ich dann nicht kurzatmig und schwindelig bei dem Tempo der Vergänglichkeit? Augustinus sagte: „Kostbar ist mir jeder Tropfen Zeit." Das Bild spricht seine eigene Sprache. Der Augenblick ist wie ein Tropfen Wasser, der gleich wieder eingeht in das Meer der Unendlichkeit. Die Zeit zerrinnt wie der Sand zwischen den Fingern oder wie im Stundenglas der Sanduhr. Nie mehr wird es so sein, wie es einmal war, und jeder Augenblick im Leben ist kostbar und sollte gefeiert werden.
Unser Leben ist nur wie ein Augenblick. Aber wir sind im Blick dessen, der die Zeiten erschaffen hat. Als er mich mit dem Blick der Liebe erschuf, verwurzelte er die Sehnsucht nach vollendetem Glück und Liebe in meinem Herzen. Unruhig ist nun mein Herz auf der Pilgerschaft meines Lebens, bis es ruht in Gott. Die Ewigkeit berührt meine Zeitlichkeit. Der Samen der Ewigkeit keimt im Acker meiner Lebenszeit.
Diesen Glauben brauchen wir uns nicht zusammenreimen. Er ist uns in den heiligen Schriften zugesagt. Beim Propheten Jesaja, Kapitel 43,4, heißt es: „Du bist in meinen Augen teuer und wertvoll und ich liebe dich."

Der Augen-Blick ist dann nicht mehr ein neutraler Punkt, sondern Begegnung. Begegnung mit dem, dessen Blick auf mir ruht. Gott wendet mir sein Angesicht zu. Ich bin ein Angeschauter. Und alle Augenblicke laufen auf das Schauen von Angesicht zu Angesicht hinaus.[27]

Wort in den Tag

Mein sind die Jahre nicht, die mir die Zeit genommen;
mein sind die Jahre nicht, die etwa möchten kommen.
Der Augenblick ist mein, und nehm' ich den in acht;
so ist der mein, der Jahr und Ewigkeit gemacht.

Andreas Gryphius[28]

Kostbar ist mir jeder Tropfen Zeit.

Augustinus

Umgang mit der Zeit
– Was sagt die Bibel?

23. Tag · Montag

Kommt und ruht ein wenig aus!

„Sie fanden nicht einmal Zeit zum Essen." Dieser Satz wurde nicht im 21. Jahrhundert geschrieben, sondern vor fast zweitausend Jahren. Er steht in der Bibel im Evangelium des Markus (Mk 6,31). Wie die Jahrhunderte sich gleichen. Das kennen wir doch auch: keine Zeit mehr zu haben, um zu essen.

„Sie fanden nicht einmal Zeit zum Essen." Das haben auch Jesus und seine Jünger erfahren. Jesus hatte seine Jünger losgeschickt – zu zweit, um das Reich Gottes zu verkünden. Jetzt kamen sie zurück voller Erlebnisse und Eindrücke, jetzt brauchten sie einen Ort der Ruhe, um nachzudenken. Jetzt brauchten sie Jesus. Er aber war beschäftigt. Jesus spürte den Konflikt. Da waren die Kranken und die Menschen, die am Ufer des Sees standen. Da waren die Apostel, die seine Zeit und seinen Rat brauchten. Wie hat er das Problem gelöst?

Ich lese bei Markus, Kapitel 6,31-32: „Da sagte er zu ihnen: Kommt mit an einen einsamen Ort, wo wir allein sind, und ruht ein wenig aus. Denn sie fanden nicht einmal Zeit zum Essen, so zahlreich waren die Leute, die kamen und gingen. Sie fuhren also mit dem Boot in eine einsame Gegend, um allein zu sein."

Es ist sicher nicht einfach, die richtigen Prioritäten zu setzen. Jesus erkennt die Bedürfnisse der Jünger, er weiß, was jetzt nottut. Die vielen Menschen, die ihn bedrängen, müssen warten. Er steigt zu seinen Jüngern in das Boot und fährt an das andere Ufer des Sees.

Ist das nicht ein starkes Plädoyer für die Pause? Wir leben mit Pausen. Jeder Atemzug kennt die Unterbrechung. Vom Herzschlag bis zum Wechsel von Tag und Nacht, von Arbeit und Ruhe – diese Unterbrechungen sind es, die das Leben erst ermöglichen.

Der Trend in die Pausenlosigkeit bestimmt die moderne Zeit. Die Zeit lässt sich nicht anhalten, aber in der Zeit kann man anhalten – man kann innehalten, sich eine kleine oder größere „Aus-Zeit" nehmen.

Das deutsche Wort „innehalten" kann zweierlei bedeuten: Ich halte mitten im Tun inne, unterbreche die Arbeit und schaue nach innen. Ich spüre mein Inneres, meine Befindlichkeit. Mein Tun ist beseelt.

Oder: Im Innehalten erfahre ich Halt. Das Wort „Halt" hat im deutschen Sprachgebrauch zwei völlig unterschiedliche Bedeutungen: Beim Autofahren müssen wir anhalten, wenn die Ampel auf Rot steht. Aber Halt ist auch das, was mich hält, was mir festen Halt gibt. Wer nicht aus der Balance kommen will, der gönnt sich Pausen und Momente des Innehaltens.

Vielleicht ist das Verhalten Jesu eine gute Richtschnur für uns heute. Zur rechten Zeit möchte ich das Boot finden, um vom Ufer der Betriebsamkeit abzustoßen. Einen Menschen möchte ich an meiner Seite haben, der zu mir sagt: „Komm mit an einen einsamen Ort, wo wir allein sind, und ruh ein wenig aus."

Wort in den Tag
Den Text aus Mk 6,30-32 kopiere ich mir und schneide ihn aus. Ich lege den Zettel auf mein Pult, hefte ihn ans Pinnbrett, klebe ihn aufs Telefon …

> [30] Die Apostel versammelten sich wieder bei Jesus und berichteten ihm alles, was sie getan und gelehrt hatten.
> [31] Da sagte er zu ihnen: Kommt mit an einen einsamen Ort, wo wir allein sind, und ruht ein wenig aus. Denn sie fanden nicht einmal Zeit zum Essen, so zahlreich waren die Leute, die kamen und gingen. [32] Sie fuhren also mit dem Boot in eine einsame Gegend, um allein zu sein.
> (Mk 6,30-32)

24. Tag · Dienstag

Ich bin da

Aus dem Feuer, das brannte und nicht verbrannte, erklingt sein Name für alle Generationen: „Ich bin der ‚Ich-bin-da'" (Ex 3,14). Ein heiliger Ort, der brennende Dornbusch in der Wüste. Mose zieht die Schuhe aus. Der Herr offenbart sich. Der Ewige in unserer Zeit. Ewiger Augenblick: „Ich bin da!"
Er ist vom Himmel herabgestiegen um unseres Heiles willen (Glaubensbekenntnis). Er kam herab bis in die Dornen unserer Bedrängnisse. Er wählte als Ort einen Dornbusch, um uns zu belehren, dass kein Platz zu gering ist als Wohnung für Gott. Und er warf das Feuer seiner Gegenwart in die Stacheln eines Dornbusches. Er teilt zu allen Zeiten und an jedem Ort unsere Nöte und Bedrängnisse.
Seine Gegenwart ist immer neu und überraschend. Nicht wie ein Besitz, kein Taschengott. Aber verlässlich und als Gott des Bundes immer treu. Sein Name ist sein Schwur zum ewigen Bund: Ich bin der „Ich-bin-da".
Früher hat man übersetzt: „Ich bin, der ich bin" Das klingt festgelegt und statisch. Gott ist aber lebendig und dynamisch: „Ich werde da sein, wie ich da sein werde." Nicht ein Gott der Vergangenheit für Dogmatikbücher in den Bibliotheken, sondern ein Gott der Gegenwart. In jedem Augenblick ist er uns nahe.

Man kann den Gottesnamen „Jahwe" ins Lateinische übersetzen mit: „inter-esse", das heißt „dazwischen sein". Manchmal helfen uns solche begrifflichen Annäherungen, eine Wirklichkeit besser zu erfassen. Wir glauben einem Gott, der ein bedingungsloses Interesse an uns Menschen hat. Er ist nicht ein „Gott an sich", fern über Wolken, der sich selbst genügt. Er ist ein „Gott für uns", der in Beziehung treten will mit uns. Er ist der Gott des Bundes, der ein leidenschaftliches Interesse an jedem Einzelnen von uns hat. Gottes Name ist eine Liebeserklärung an uns Menschen. Augustinus schrieb: „Gottes Leidenschaft ist der Mensch."
Das Christentum ist die Religion einer Liebesgeschichte zwischen Gott und Mensch. Im Herzen der Botschaft Jesu befindet

sich der Mensch. Er ist das Ziel der Inkarnation und der Erlösung. Der Mensch ist „Angelpunkt" des Reiches Gottes. Der Ort in der Welt, an dem Gott gegenwärtig ist, ist der Mensch.

Ist das nicht eine wichtige Zusage für unsere Zeit: ein gegenwärtiger Gott, der an unserer Not Anteil nimmt? Ein Gott als mitgehender Wegbegleiter durch alle Höhen und Tiefen des Lebens, der uns nicht im Stich lässt? Der Ewige, der sich mit der Zeit verbündet und die Zeit zur Heilsgeschichte macht.

Immanuel Kant, der große Philosoph, sagte: „Alle Bücher, die ich gelesen habe, haben mir nicht das gegeben, was ein Wort aus der Bibel mir gab, das Wort aus dem Psalm 23: „Denn du bist bei mir!" Der wegbegleitende Gott ist immer zur rechten Zeit an meiner Seite: „Muss ich auch wandern in finsterer Schlucht, ich fürchte kein Unheil; denn du bist bei mir" (Ps 23,4).

Wort in den Tag

Ich bin der „ICH BIN DA" (Ex 3,14)

In die Lichtblicke deiner Hoffnung
und in die Schatten deiner Angst,
in die Enttäuschung deines Lebens
und in das Geschenk deines Zutrauens
lege ich meine Zusage: ICH BIN DA!

In das Dunkel deiner Vergangenheit
und in das Ungewisse deiner Zukunft,
in den Segen deines Wohlwollens
und in das Elend deiner Ohnmacht
lege ich meine Zusage: ICH BIN DA!

In das Spiel deiner Gefühle
und in den Ernst deiner Gedanken,
in den Reichtum deines Schweigens
und in die Armut deiner Sprache
lege ich meine Zusage: ICH BIN DA!

In die Fülle deiner Aufgaben
und in deine leere Geschäftigkeit,
in die Vielzahl deiner Fähigkeiten
und in die Grenzen deiner Begabungen
lege ich meine Zusage: ICH BIN DA!

In das Gelingen deiner Gespräche
und in die Langweile deines Betens,
in die Freude deines Erfolgs
und in den Schmerz deines Versagens
lege ich meine Zusage: ICH BIN DA!

In das Glück deiner Begegnungen
und in die Wunden deiner Sehnsucht,
in das Wunder deiner Zuneigung
und in das Leid deiner Ablehnung
lege ich meine Zusage: ICH BIN DA!

In die Enge deines Alltags
und in die Weite deiner Träume,
in den Schmerz deines Versagens
und in die Kräfte deines Herzens
lege ich meine Zusage: ICH BIN DA!

Autor unbekannt

25. Tag · Mittwoch

Adsum

Das Urwort des Menschen vor Gott heißt „adsum" – Ich bin da. Das ist die Antwort des Menschen auf den Anruf der Liebe: „Ich bin da!" Ich muss nichts leisten, ich muss keine positiven Bilanzen vorweisen, ich brauche keine schönen Gebete sprechen. Ich bin einfach da. Aber genau dies ist nicht einfach. Ich lebe oft in der Zerstreuung. Ich bin abgelenkt.

Um wirklich im Augenblick ganz da zu sein, muss ich mich sammeln, zur Ruhe kommen. Peter Handke fordert dazu auf, die Tugend der Langsamkeit wiederzuentdecken. Langsamkeit ermöglicht Aufmerksamkeit. Und Aufmerksamkeit öffnet die Tür zum absichtslosen Dasein in der Gegenwart.

Ein Gedanke kann uns fesseln, eine Sache kann uns in ihren Bann ziehen, ein Mensch kann uns faszinieren. Verliebte leben besonders aufmerksam. Verliebte haben wache Augen. Keiner öffnet sein Geheimnis, gibt seinen Reichtum her, wenn man ihn nicht anschaut mit Augen der Liebe. Wo wir mit offenen Sinnen und aufmerksamen Herzen leben, da offenbart sich ein größeres Geheimnis. Denn wir wohnen am Rand des Mysteriums.

Wenn wir ganz im „Augenblick" sind, dann steht die Zeit still. Jeder kennt das vermutlich. Ich schreibe einen Text, ich bin ganz in meine Gedanken vertieft. Als ich endlich auf die Uhr schaue, habe ich einen Termin verpasst. Ich habe gar nicht bemerkt, wie die Zeit vergangen ist. Die Zeit ist für mich stehen geblieben. Ich spüre nur reine Gegenwart. Zeit und Ewigkeit berühren sich. „Augenblick, verweile doch, du bist so schön." Solche Erfahrungen kann jeder machen: beim Betrachten eines Sonnenunterganges, eines Gemäldes, im Zusammensein mit einem geliebten Menschen. Wenn Fremde sich treffen, müssen sie reden, wenn Liebende zusammen sind, können sie schweigen.

Auch die stille Meditation schenkt solche Momente. Gebet ist unbegrenzte Achtsamkeit. Ich bin einfach da! Ich bin offen und warte. Ich muss keine Leistung erbringen. „Er schaut mich an, ich schaue ihn an, das genügt." Wir nennen diese absichtslose Daseinsweise Kontemplation. In den Augenblicken der absoluten Ruhe, in der Zeit und Ewigkeit zusammenfallen, erfahren wir den Zusammenfall aller Gegensätze, die höchste Einheit. Wir sind im Sein und ganz identisch mit uns. Wir sind im Frieden.

„Communio" ist ein Grundbegriff unseres Glaubens. Das Geheimnis dieses Liebesbundes beschreibt Jesus selbst im Bild des Weinstocks. „Ich bin der Weinstock, ihr seid die Reben", sagt Jesus. Nur in dieser lebendigen Verbundenheit wachsen die Früchte. Die Rebe lebt nicht aus sich, sondern nur im Kreislauf des Lebensstromes, den sie aus dem Wurzelstock empfängt. „Wer in mir bleibt und in wem ich bleibe, der bringt reiche Frucht; denn getrennt von mir könnt ihr nichts vollbringen" (Joh 15,5). Er in mir und ich in ihm. Gibt es eine tiefere Kommunikation? „Nicht mehr ich lebe, sondern Christus lebt in mir" (Gal 2,20), sagt der Apostel Paulus. Im lebendigen Strom der Liebe beginnt alles zu blühen und Früchte zu tragen. „Herr, zwischen dir und mir sind alle Dinge schön", schreibt die deutsche Mystikerin Mechthild von Magdeburg.

Wort in den Tag

„Einer von den Jüngern lag an der Seite Jesu; es war der, den Jesus liebte ... Da lehnte sich dieser zurück an die Brust Jesu" (Joh 13,23.25).

Diesen Augenblick im Abendmahlssaal haben Künstler der Gotik in den Plastiken gestaltet, die man „Johannesminne" nennt. Mit großer Sensibilität und Zärtlichkeit legt der Jünger seinen Kopf an das Herz seines Freundes. Sogar die Bewegung des Gewandes kreist um die Mitte, das Herz. Es gibt eine Kommunikation der Herzen, die keine Worte braucht.

Die Umarmung ist die tiefste, intimste Erfahrung zwischen Freunden. „Kommt alle zu mir!", sagt Jesus zu allen, die seine Freundschaft suchen. Dem Kommen folgt das Bleiben. Er zieht uns an. Er legt seinen Arm um uns. Er hält uns seine offene Hand hin. „Nicht ihr habt mich erwählt, sondern ich habe euch erwählt" (Joh 15,16). „Ich bin da! – adsum!", das ist die Antwort des Menschen. Himmel und Erde berühren sich. Die Zeit bleibt stehen. Augenblick und Ewigkeit sind eins. „Verweile doch, du bist so schön!"

Alles hat seine Zeit

Die Zeit ist der Herzschlag des Lebens. Wer im Einklang mit der Zeit seines Lebens ist, der lebt in Frieden. „Meine Zeit steht in deinen Händen", sagt der 31. Psalm. Über alle Wechselfälle hinweg weiß der Mensch sich geborgen in Gottes Hand.

„Alles hat seine Zeit", sagt Kohelet. Es gibt Zeiten des Festes und des Schmerzes. Es gibt Hoch-Zeiten und Tiefpunkte. Es gibt Festzeiten und Tage der Trauer. Es gibt Anfang und Ende und all die Zwischenzeiten – darüber philosophiert das biblische Buch Kohelet. Auch meine Zeitgeschichte ist angesagt und verknüpft meinen Lebensfaden mit allen Ereignissen in der Geschichte.

Die Zeiten sind letztlich von Gott gesetzt. Das wird besonders deutlich bei Zeiten, die der menschlichen Beeinflussung entzogen sind: Zeit des Gebärens, des Alterns, des Sterbens. Es gibt auch Zeiten, die wir selber verantworten. Aber weil unsere Anstrengungen und unser Aktivismus das Leben nicht allein bestimmen, kann der glaubende Mensch entkrampfter mit seiner Zeit umgehen. Einmal wird er den günstigen Augenblick packen, das andere Mal kann er die Hände guten Gewissens in den Schoß legen, warten und genießen. So entsteht Gelassenheit in der Gegenwart. Zur Zeitlichkeit des Menschen gehört auch, dass seine Lebenszeit begrenzt ist. Nach Kohelet gibt es zuerst das Wachsen und dann das Sterben – das ist die Chronologie, in der wir unser Leben wahrnehmen.

So steht es im Buch Kohelet:

¹ Alles hat seine Stunde. Für jedes Geschehen unter dem Himmel gibt es eine bestimmte Zeit:
² eine Zeit zum Gebären und eine Zeit zum Sterben,
eine Zeit zum Pflanzen und eine Zeit zum Abernten der Pflanzen,
³ eine Zeit zum Töten und eine Zeit zum Heilen,
eine Zeit zum Niederreißen und eine Zeit zum Bauen,
⁴ eine Zeit zum Weinen und eine Zeit zum Lachen,
eine Zeit für die Klage und eine Zeit für den Tanz;

[5] eine Zeit zum Steinewerfen und eine Zeit zum Steinesammeln,
eine Zeit zum Umarmen und eine Zeit, die Umarmung zu lösen,
[6] eine Zeit zum Suchen und eine Zeit zum Verlieren,
eine Zeit zum Behalten und eine Zeit zum Wegwerfen,
[7] eine Zeit zum Zerreißen und eine Zeit zum Zusammennähen,
eine Zeit zum Schweigen und eine Zeit zum Reden,
[8] eine Zeit zum Lieben und eine Zeit zum Hassen,
eine Zeit für den Krieg und eine Zeit für den Frieden.
[9] Wenn jemand etwas tut – welchen Vorteil hat er davon, dass er sich anstrengt? [10] Ich sah mir das Geschäft an, für das jeder Mensch durch Gottes Auftrag sich abmüht. [11] Gott hat das alles zu seiner Zeit auf vollkommene Weise getan. Überdies hat er die Ewigkeit in alles hineingelegt ... (Koh 3,1-11).

Kohelet stellt die Frage: Was kann der Mensch tun, damit sein Leben gelingt angesichts der Tatsache, dass seine Lebenszeit brüchig und begrenzt ist? Seine Antwort: Die Zeit gibt es nicht nur als leere, als chronologische Zeit, sie kann auch erfüllte Zeit sein. Aber nicht wir sind die Herren der Zeit. Nein, jedes „Ding" hat seine eigene Zeit. Und schließlich ist es Gott selbst, der zu seiner Zeit alles recht macht (3,11).
Die Zeit und ihr Wechsel gehören zur Ordnung Gottes, auch wenn dieser Wechsel dem Menschen oft wie Zufall erscheint. Wo genau Glück und Erfüllung zu finden sind, das überlässt Kohelet Gott, an dem er festhält, obwohl dieser für ihn zu einem undurchschaubaren Geheimnis geworden ist.
Am Anfang von allem und an unser aller Ursprung steht nicht irgendetwas, sondern Gott in seiner schöpferischen Liebe. Er hat jede und jeden von uns beim Namen gerufen. Das ist der Grund unserer besonderen Würde. Wir sind weder Zufallsprodukte noch Blindgänger. Jeder ist ein Original, keiner eine Kopie. Schon jedes Blatt am Baum ist ein einmaliges Exemplar. Die Schöpfung kennt kein Klonen.
„Man kann dem Leben nicht mehr Tage geben, aber den Tagen mehr Leben." Dieses Wort hat's in sich. Unsere Tage sind gezählt – wir können sie nicht vermehren. Aber wir können den Tagen, die uns geschenkt sind, mehr Leben geben.

Mit jedem hat Gott Besonderes vor. Das zu wissen, kann unseren Tagen mehr Leben geben, ob wir jung sind oder hochbetagt, erfolgreich oder ein Pechvogel, unbefangen oder durch eine tiefe Verletzung gezeichnet sind. „Liebe deine Geschichte", sagt Leo Tolstoi. „Sie ist der Weg, den Gott mit dir geht."

Wort in den Tag
In meinem Urlaub in der Schweiz erzählte ein Pfarrer in seiner Predigt dieses Beispiel: „Stellt euch vor, ihr hättet bei einem Preisausschreiben den ersten Preis gewonnen. Eine Bank zahlte euch jeden Tag 86 400 Schweizer Franken auf euer Konto. Die Zahlung erfolgt allerdings unter einer Bedingung. Ihr müsst die ganze Summe an dem Tag ausgeben, an dem sie ausgezahlt wird. Ihr könnt das Geld, das ihr nicht ausgebt, nicht zurücklegen oder auf ein Sparbuch einzahlen."
Die Aufmerksamkeit in der Kirche war spürbar groß. Nach einer deutlichen Denkpause warteten alle auf den Sinn dieses ungewöhnlichen Vergleichs. Die Summe der scheinbar willkürlich gewählten Zahl der Schweizer Franken entspricht genau den 86 400 Sekunden, die jeder Tag hat. Eine Zahl, die wir uns kaum vorstellen können! Sie kommt uns unwahrscheinlich und riesig vor. Die Pointe des Vergleichs: Was mache ich mit dem täglichen Geschenk von 86 400 Sekunden, wenn ich sie heute lebe, aber nicht auf den nächsten Tag übertragen darf?
Wie gehe ich mit dem Geschenk eines neuen Tages mit seinen 86 400 Sekunden um?
Vielleicht muss ich ein neues Verhältnis zum Terminkalender suchen. Das kommt schon im Wort „Datum" zum Ausdruck. Datum bedeutet: „das Gegebene, das Geschenkte". Gott schenkt jeder und jedem täglich 86.400 Sekunden. Alles, was Gott schenkt, ist uns gegeben, damit wir es mit anderen teilen, auch die Zeit.

27. Tag · Freitag

Der ewige Gott und der vergängliche Mensch

[1] Herr, du warst unsere Zuflucht von Geschlecht zu Geschlecht.

[2] Ehe die Berge geboren wurden, die Erde entstand und das Weltall, bist du, o Gott, von Ewigkeit zu Ewigkeit.

[3] Du lässt die Menschen zurückkehren zum Staub und sprichst: „Kommt wieder, ihr Menschen!"

[4] Denn tausend Jahre sind für dich wie der Tag, der gestern vergangen ist, wie eine Wache in der Nacht.

[5] Von Jahr zu Jahr säst du die Menschen aus; sie gleichen dem sprossenden Gras.

[6] Am Morgen grünt es und blüht, am Abend wird es geschnitten und welkt.

[7] Denn wir vergehen durch deinen Zorn, werden vernichtet durch deinen Grimm.

[8] Du hast unsre Sünden vor dich hingestellt, unsere geheime Schuld in das Licht deines Angesichts.

[9] Denn all unsre Tage gehn hin unter deinem Zorn, wir beenden unsere Jahre wie einen Seufzer.

[10] Unser Leben währt siebzig Jahre, und wenn es hoch kommt, sind es achtzig. Das Beste daran ist nur Mühsal und Beschwer, rasch geht es vorbei, wir fliegen dahin.

[11] Wer kennt die Gewalt deines Zornes und fürchtet sich vor deinem Grimm?

[12] Unsre Tage zu zählen, lehre uns! Dann gewinnen wir ein weises Herz.

[13] Herr, wende dich uns doch endlich zu! Hab Mitleid mit deinen Knechten!

[14] Sättige uns am Morgen mit deiner Huld! Dann wollen wir jubeln und uns freuen all unsre Tage.

[15] Erfreue uns so viele Tage, wie du uns gebeugt hast, so viele Jahre, wie wir Unglück erlitten.

[16] Zeig deinen Knechten deine Taten und ihren Kindern deine erhabene Macht!

[17] Es komme über uns die Güte des Herrn, unsres Gottes. Lass das Werk unsrer Hände gedeihen, ja, lass gedeihen das Werk unsrer Hände! (Ps 90,1-17).

Der Psalm ist ein Hymnus auf den Schöpfergott, den Herrn aller Zeiten. „Denn tausend Jahre sind für dich wie der Tag, der gestern vergangen ist, wie eine Wache in der Nacht." Das ist keine Rechenanweisung (Augustinus), Gott ist immer Gegenwart. Heute ist die Ewigkeit.

Der Psalm ist aber auch eine Klage angesichts der Vergänglichkeit des Menschen. Der Mensch bedrängt seinen Schöpfer und bittet, dass Gott dem Menschen, der sich an ihn hält, Schutz und Zuflucht gewährt. Was ist schon der Mensch? Er vergeht wie das Gras. Im Kommen und Gehen der Geschlechter erfährt er seine Bedeutungslosigkeit. Unsere Tage sind gezählt und gehen dahin wie ein Seufzer. Der Psalm bittet nicht um ewiges Leben, sondern in aller Begrenztheit und Vergänglichkeit des Lebens wünscht er: Jeder möge den einzelnen Augenblick als Gabe und Herausforderung erfahren.

Ich bin Teil der Geschichte. Angesichts der Ewigkeit nur ein „Seufzer". Ich lebe unbemerkt, bin nicht verzeichnet in irgendeinem der vielen Geschichtsbücher. Aber ich bin aufgenommen in das „Immer und ewig Gott".

Im Blick auf die raum-zeitliche Ordnung der Schöpfung bittet der Psalm den Herrn aller Zeiten, das schnell vergehende Leben des Menschen im großen Lebenszusammenhang zu bewahren. „Lass das Werk unserer Hände gedeihen, ja, lass gedeihen das Werk unserer Hände!"

So kann ich den Psalm als Tagesweihe an den Herrn der Zeit beten. Ähnlich spreche und singe ich das Lied: „Alles meinem Gott zu Ehren in der Arbeit in der Ruh" (GL Nr. 615).

Wort in den Tag

Meine Zeit steht in deinen Händen.
Nun kann ich ruhig sein, ruhig sein in dir.
Du gibst Geborgenheit, du kannst alles wenden.
Gib mir ein festes Herz, mach es fest in dir.
Hast und Eile, Zeitnot und Betrieb
nehmen mich gefangen, jagen mich.
Herr, ich rufe: Komm und mach mich frei!
Führe du mich Schritt für Schritt.

Es gibt Tage, die bleiben ohne Sinn.
Hilflos seh ich, wie die Zeit verrinnt.
Stunden, Tage, Jahre gehen hin,
und ich frag, wo sie geblieben sind.

Meine Zeit steht in deinen Händen.
Nun kann ich ruhig sein, ruhig sein in dir.
Du gibst Geborgenheit, du kannst alles wenden.
Gib mir ein festes Herz, mach es fest in dir.

Peter Strauch[29]

28. Tag · Samstag

Jetzt und in alle Ewigkeit

„Gott hat die Ewigkeit in das Herz des Menschen gelegt" (Koh 3,11).

In meiner Zeit liegt der Keim der Ewigkeit. Gottes Ewigkeit ist noch verborgen, aber der Baum, der einst den Himmel berührt, hat seine Wurzeln in unsere Erdenzeit tief eingesenkt. Schon wächst heimlich das Leben. Das Leben, das stärker ist als der Tod. Ein ewiges Leben, das die Kraft hat, den Stein wegzurollen und die Gräber zu sprengen. Meine Erdenzeit mit Mühsal und Müdigkeit schaut durch das Fenster über alle Horizonte hinweg. Die Ewigkeit ist schon da. Sie ist auch schon in mir. Sie ist das „Sursum corda", vor dem die Schatten weichen. Sie ist die Kraft, die alles nach oben zieht. Sie ist die verborgene Dimension, welche die ganze Schöpfung verwandelt, die österliche Kraft, die „wahre Wirklichkeit".

Im Weisheitsbuch Kohelet finde ich den Schlüssel zu diesem Geheimnis: „Gott hat die Ewigkeit in das Herz des Menschen gelegt." Das Herz des Menschen ist der Ort, wo der Augenblick und die Ewigkeit sich berühren. Ich trage verlässliche Uhren, die meine Zeit Stunde um Stunde kürzen. Doch mein Leben läuft nicht wie die Sanduhr einfach aus. In jeder Stunde liegt der Keim der Sehnsucht nach Unendlichkeit. „Denn unruhig ist unser Herz."

Der Psalm 90,2 sagt: „Ehe die Berge geboren wurden, die Erde entstand und das Weltall, bist du, o Gott, von Ewigkeit zu Ewigkeit." Gott wurde nicht, er ist. Er ist ewig. Augustinus formuliert das so: „Du aber bleibst, wie du bist, und deine Jahre nehmen kein Ende. Deine Jahre gehen weder, noch kommen sie. Unsere irdischen Jahre gehen und kommen ... Alle deine Jahre sind ein ewiges Heute ... Dein Heute ist die Ewigkeit."[30]

Kirchliche Gebete, die den Lobpreis Gottes ausdrücken, wie das „Ehre sei dem Vater", enden meist: „Wie es war im Anfang, so auch jetzt und alle Zeit und in Ewigkeit. Amen." Der Lobpreis verbindet den Augenblick mit der Ewigkeit. Darum darf der Mensch, in dessen Herz Gott die Ewigkeit eingepflanzt hat, den Lobpreis nicht vergessen: Jetzt und in alle Ewigkeit.

Wort in den Tag

„Es ist schon da, es ist schon in mir – die Ewigkeit", schreibt der Theologe Karl Rahner:

Das Rad steht still

Ich glaube an die Ewigkeit Gottes,
die in unsere Zeit
in meine Zeit
hineingekommen ist.

Unter dem ermüdenden Auf und Ab der Zeit
wächst schon heimlich
das Leben,
das keinen Tod mehr kennt.

Es ist schon da,
es ist schon in mir,
eben dadurch, dass ich glaube.
Wie wenig muss ich tun,
damit das Rad von Geburt und Tod
in der wahren Wirklichkeit
stille steht.

Karl Rahner[31]

Klösterliche
Praxis

29. Tag · Montag

Kloster auf Zeit – Der Berg Athos

Das ist nicht neu, sondern eine uralte Erfahrung: Wer sich auf ein wichtiges Werk oder eine Lebensentscheidung vorbereiten möchte, geht in Klausur. Immer wieder haben Menschen das Bedürfnis nach Besinnung und Formen des Rückzugs gesucht und gefunden. „Kloster auf Zeit" ist heute eine der Möglichkeiten, sich zurückzuziehen. Eine Zeit lang lebt man die erprobte Lebensform der klösterlichen Gemeinschaften.

Die Klöster verfügen über eine lange Tradition, in der sie eine Praxis erprobten und ihre Tage in „Ora et labora" gestalteten. Heute öffnen die Klöster ihre Pforten und teilen ihre Erfahrungen mit. Mönche halten Kurse, die durch Manager überbelegt sind. Eine wachsende Zahl von Führungskräften ist sich bewusst, dass sie diese Entschleunigung und Strukturierung zur Bewältigung ihres Alltags benötigt. Wenn Menschen der „Atem der Ewigkeit" umweht, erleben sie Zeit in einer göttlichen Dimension: „Die Zeit ist erfüllt, das Reich Gottes ist nahe" (Mk 1,15).

Vor zwei Jahren konnte ich vier Klöster auf dem Berg Athos besuchen. In zwanzig Klöstern leben und beten hier etwa 2000 Mönche. Sie haben sich nicht an die Moderne angepasst. Ihre Uhren gehen anders. Um drei Uhr nachts beginnt ihr Tag. Alle sind eingeladen, den Tag mit drei Stunden Gebet zu beginnen. Im Vorraum der Kirche müssen wir warten, bis ein Mönch uns in das Heiligtum hineinholt. Die flackernden Öllampen vor den Ikonen erleuchten den Raum nur spärlich. An den Wänden mit den alten Fresken der Wüstenväter und Heiligen stehen die Mönche unbewegt in den engen Chorstühlen. Ihr Holz ist durch die Hände der Betenden ganz glatt gerieben. Schon im 9. und 10. Jahrhundert sind an diesen Orten die gleichen Psalmen und Vätertexte vorgetragen worden. Wir lauschen den melodischen Stimmen der Vorsänger. Ein Mönch schreitet durch den Raum mit Weihrauchfass und kleinen Schellen, verneigt sich vor den Ikonen und schwingt sein Rauchfass. Dann verneigt er sich vor den Mönchen und auch vor uns. Sind auch wir sichtbare Bilder Gottes wie kostbare Ikonen?

„Betet allzeit", hat der Apostel Paulus geschrieben. Als „Ruminatio" – als immer wiederkehrenden Gebetsruf: „O Gott, komm mir zu Hilfe – Herr, eile mir zu helfen." Auf dem Berg Athos ist das „Kyrie eleison" das immerwährende Gebet der orthodoxen Mönche bei der göttlichen Liturgie zur Nachtzeit und bei der Arbeit am Tage. Sogar im Schlaf sollen einige es weitermurmeln: „Kyrie eleison".

Die Mönche haben die Fähigkeit, ganz im Augenblick zu leben. Die Sorge um den anbrechenden Tag kennen sie nicht. Die wichtigste Stunde ist immer die Gegenwart, sagen sie.

In den Klöstern des Athos fand ich bestätigt, was Heinz Nußbaumer in seinem Buch „Der Mönch in mir" beschreibt: Die Mönche leben in einer anderen Zeitkultur. „Ach, Zeit", sagt mir ein Mönch in einer dieser zeitlosen Stunden, „Zeit, das ist eine Fiktion. Da wir alle in der Ewigkeit leben, ist Zeit unwichtig." Es gibt keine Hast, es gibt nur ein Leben, erfüllt mit Gebet und Arbeit. So einfach ist das hier! Die Mönche sind die großen Propheten des Innehaltens, des Ausbruchs aus dem allgegenwärtigen Zeitdruck. Sie sind die Experten des Augenblicks, der reinen Gegenwart.

Die Mönche sagen uns: Einer der Gründe, warum wir uns oft so unbehaglich fühlen, liegt darin, dass wir entweder der Vergangenheit nachgrübeln oder uns Sorgen über die Zukunft machen. Die Zeit ist wertvoll, aber nicht knapp, sagen die Mönche. Und Chronos, die Uhrzeit, ist weniger wichtig als Kairos, die rechte Zeit, der heilige Augenblick.

Die Botschaft des Mönchtums heißt: Wir sollen nicht im Gestern und nicht im Morgen verfangen bleiben, sondern im Hier und Jetzt leben – in einer Gegenwart freilich, die schon den Geschmack dessen trägt, was uns erwartet: Tod, Auferstehung – und Vollendung. Alles, was wir gerade tun, muss vor dieser großen, weiten Perspektive der Ewigkeit bestehen können. Das aber bedeutet: Tu das, was du gerade tust, mit deinem ganzen Ich!

Wort in den Tag

Professor Heinz Nußbaumer hat jahrelang die Klöster auf dem Berg Athos besucht. Er war zehn Jahre lang Sprecher zweier Bundespräsidenten in Wien. Als Fazit seiner Athos-Erfahrungen schreibt er:

„Den Mönch in mir entdecken – auch ohne Klostermauern, ohne Kutte und ohne den radikalen, bis an die Wurzeln des Menschseins gehenden Anspruch an sich selbst. Für uns mitten im Leben stehende Menschen könnte das heißen: Offen zu sein, um ein wenig von den Quellen dieses großen Stromes menschlicher Überlieferung zu lernen, von den Geschenken der Stille und des Schweigens, des Loslassens und des ‚leichten Gepäcks‘, des Staunens, der Dankbarkeit und Freude …

Zu wissen, dass alles Menschliche – auch das Leben der Mönche – bruchstückhaft und unvollkommen ist und keiner einen sicheren Vorsprung hat.

Aber auch neugierig zu sein, um die noch in uns schlummernden Möglichkeiten zum Leben zu erwecken – und sich nicht mit weniger zufriedenzugeben. Und jedenfalls zu versuchen, das ‚Spiel der Welt‘ nicht unbesehen mitzumachen. Der Mönch in mir, das wäre der Versuch, sich öfter auf den ruhenden Punkt in uns zurückzuziehen. In die Höhle des eigenen Herzens. Denn der Weg nach innen ist der Weg nach Hause."[32]

30. Tag · Dienstag

Ein Maß in der Maßlosigkeit

Zwei Takte, vier Takte – beim Tanz und bei der Musik, selbst beim Motor im Auto geht es um Rhythmus und Takt. Die Uhren haben ihr Tick-Tack großteils verloren. Im digitalen Zeitalter erscheinen nur noch Zahlen auf dem Ziffernblatt. Wie wichtig aber ist es, dass mein Herz im richtigen Rhythmus schlägt. Herzrhythmusstörungen müssen schnell korrigiert werden. In vielen Bereichen unseres Lebens leiden wir an „Herzrhythmusstörungen". Wir verlieren das Taktgefühl und kommen durcheinander. Bereits im vierten Jahrhundert schrieb der Wüstenmönch Abbas Poimen: „Alles Übermaß ist von den Dämonen."

Es ist die Kunst des Lebens, die richtige Dosierung zu finden. Schlangengift kann zum Heilserum werden, wenn es im richtigen Maß verabreicht wird. Auch unser Leben braucht ein Maß und eine Ordnung.

Ein alltäglicher Rhythmus ist uns vorgegeben. Der Rhythmus von Tag und Nacht, von Wachen und Schlafen, von Werktag und Sonntag. Die Maßlosigkeit verursachen wir selbst. Wir drücken auf den Lichtschalter und verwandeln die Nächte in Tage. Wir trinken eine Tasse Kaffee und verdrängen die Schläfrigkeit. Wir schlucken Vitaminpräparate und verkürzen den Urlaub. Wir haben viele Möglichkeiten, natürliche Ordnungen zu durchbrechen.

Aber alle Einseitigkeit macht uns krank. Alle Extreme machen uns depressiv. Die Tugend liegt im Maß, das Laster im Extrem. Es ist die Kunst des Lebens, die richtige Dosierung zu finden. Einige besinnen sich wieder auf alte Regeln und erprobte Maßstäbe. Solch ein alter Grundsatz ist die benediktinische Lebensform: „Ora et labora". Gebet und Arbeit bestimmen den Tagesrhythmus. In einigen neuen Büchern der Spiritualität wird diese polare Spannung mit den Bildern von Marktplatz und Wüste beschrieben. „Nur wer in der Wüste daheim ist, hat auf dem Marktplatz etwas anzubieten."

„Die Stunden der Einsamkeit müssen mit denen der Gemeinsamkeit in einem bestimmten Verhältnis stehen, sonst verkümmern die Horizonte, und die Gehalte werden zerredet und vertan", schreibt der Jesuit Alfred Delp, der von den Nationalsozialisten ermordet wurde. Er sagt weiter: „Es steht schlimm um ein Leben, wenn es die Wüste nicht besteht oder sie meidet. Das ist eine der bewussten Befreiungstaten, die der Mensch an sich selbst tun muss, dass er sich immer wieder in der Einsamkeit dem ‚großen Frager' und dem echten Anblick der Dinge stellt. Die Wüste gehört dazu."[33]

Die Wüste gehört dazu. Der Marktplatz allein macht unser Leben banal und oberflächlich. Die Beduinen sagen: „Wer aus der Wüste kommt, darf reden." Müssen die Stunden der Einsamkeit mit denen der Gemeinsamkeit in einem bestimmten Verhältnis stehen, damit die Gehalte nicht zerredet werden?

In der Einöde und in den unendlichen Weiten der Wüste herrschen intensivere menschliche Beziehungen als in manchen vollgepfropften Hochhäusern unserer dicht bevölkerten Großstädte, in denen keiner den anderen kennt. Auf den Straßen hasten wir aneinander vorbei und grüßen keinen mehr. In der Wüste ist es selbstverständlich, dass man haltmacht, wenn man einem Menschen begegnet. Man grüßt einander, erkundigt sich nach dem Woher und Wohin, fragt, ob der andere etwas braucht, ob man helfen kann, ob sonst jemand unterwegs ist.

Vor der Riesenkulisse der lebensfeindlichen Wüste gilt der Mensch noch etwas. In der Einöde tritt der Mensch nicht als namenloser Teil einer anonymen Masse auf, sondern als der unverwechselbare Einzelne. Die Begegnung mit ihm ist kostbar. Nach tagelangen Fahrten durch menschenleere Gegenden erscheint die Begegnung wie ein Wunder. Hier tut sich Tieferes kund. Wahre menschliche Begegnung gelingt nur im Raum des Schweigens und der Stille.

Freundschaften werden in der Wüste geschlossen – Freundschaften zwischen Menschen, aber auch Freundschaft mit Gott. So geschieht das Paradoxe: Gerade die Einöde wird zum Ort der Kommunikation, die Leere zum Ort der Begegnung, das Schweigen zum neuen Dialog.

Wort in den Tag

Es gibt Worte, die mit besonderer Aufmerksamkeit aufgenommen werden. Dazu gehört ein Brief aus dem 12. Jahrhundert. Er wurde schon oft veröffentlicht und ist aus der Erfahrung der Spiritualität der Zisterzienser geschrieben. Der heilige Bernhard von Clairvaux, der von 1091 bis 1153 lebte, schrieb an seinen Freund, den früheren Mönch, der als Papst Eugen III. regierte, folgenden Brief:

„Wo soll ich anfangen? Am besten bei Deinen zahlreichen Beschäftigungen, denn ihretwegen habe ich am meisten Mitleid mit Dir. Ich fürchte, dass Du, eingekeilt in Deine zahlreichen Beschäftigungen, keinen Ausweg mehr siehst und deshalb Deine Stirn verhärtest; dass Du Dich nach und nach des Gespürs für einen durchaus richtigen und heilsamen Schmerz entledigst.

Es ist viel klüger, Du entziehst Dich von Zeit zu Zeit Deinen Beschäftigungen, als dass sie Dich ziehen und Dich nach und nach an einen Punkt führen, an dem Du nicht landen willst. Du fragst, an welchen Punkt? An den Punkt, wo das Herz hart wird. Wenn Du ganz und gar für alle da sein willst, nach dem Beispiel dessen, der allen alles geworden ist (1 Kor 9,22), lobe ich Deine Menschlichkeit – aber nur, wenn sie voll und echt ist. Wie kannst Du aber voll und echt Mensch sein, wenn Du Dich selbst verloren hast? Auch Du bist ein Mensch. Damit Deine Menschlichkeit allumfassend und vollkommen sein kann, musst Du also nicht nur für alle andern, sondern auch für Dich selbst ein aufmerksames Herz haben.

Denn was würde es Dir sonst nützen, wenn Du – nach dem Wort des Herrn (Mt 16,26) – alle gewinnen, aber als Einzigen Dich selbst verlieren würdest? Wenn also alle Menschen ein Recht auf Dich haben, dann sei auch Du selbst ein Mensch, der ein Recht auf sich selbst hat. Warum solltest einzig Du selbst nichts von Dir haben? Wie lange bist Du noch ein Geist, der auszieht und nie wieder heimkehrt (Ps 78,39)? Wie lange noch schenkst Du allen andern Deine Aufmerksamkeit, nur nicht Dir selber?

Ja, wer mit sich selbst schlecht umgeht, wem kann der gut sein? Denk also daran: Gönne Dich Dir selbst. Ich sage nicht: tu das immer, ich sage nicht: tu das oft, aber ich sage: tu es immer wieder einmal. Sei wie für alle anderen auch für Dich selbst da oder jedenfalls sei es nach allen anderen."[34]

31. Tag · Mittwoch

Die goldene Mitte

Es gibt eine Versuchung, die im maßlosen Gebrauch unserer Fähigkeiten liegt. Die Übertreibungen des Guten bringen uns zu Fall. Am Beispiel des heiligen Vinzenz von Paul, dem Patron der Caritas, lässt sich das anschaulich zeigen. Sein Einsatz für Arme in Paris kannte keine Grenzen. „Die Liebe Christi drängt mich", war sein Lebensmotto. In späteren Jahren aber kam er zu der Erkenntnis: „Die Vollkommenheit liegt nicht im Übermaß."
Vinzenz von Paul gründete mit Luise von Marilac die Gemeinschaft der Barmherzigen Schwestern. „Die Straßen der Stadt sind eure Kreuzgänge", sagte er. Die Kranken und Armen drängten zu den Schwestern. Sie wurden mit Bitten und Problemen überhäuft. Sie konnten für sich keine Zeit reservieren. Bald wurden mehrere Schwestern krank. Kann man immer verfügbar sein? 24 Stunden am Tag und in der Nacht mit offener Tür leben? Muss man die Liebe verknappen, um besser helfen zu können?
Vinzenz von Paul stellte sich dem Problem. Im Alter vertrat er Meinungen, die für uns heute hochaktuell klingen. Im Jahre 1655 hielt er eine Ansprache:
„Nicht in Ekstasen besteht die Vollkommenheit, sondern in der Verwirklichung des göttlichen Willens. Obwohl Gott uns lehrt, ihn aus ganzer Seele und aus allen unseren Kräften zu lieben, so will er doch nicht, dass wir dabei unsere Gesundheit beeinträchtigen und untergraben. Nein, nein, Gott verlangt nicht, dass wir uns selbst zugrunde richten."
Sehr oft gehen die Versuchungen des Teufels in diese Richtung: Kann er uns nicht unmittelbar zur bösen Tat verleiten, so bringt er uns dazu, mehr Gutes tun zu wollen, als wir vermögen, und treibt uns darin immer weiter, bis wir unter der allzu großen Last und Verpflichtung zusammenbrechen.
Die Tugenden liegen immer in einer goldenen Mitte; jede von ihnen berührt mit ihren beiden Extremen das Laster. Wir müssen auf dem Mittelweg zwischen beiden Extremen wandeln, damit unser Tun wirklich tugendhaft sei. So hat zum Beispiel die

Nächstenliebe, von der ich spreche, ihre beiden schlechten Extreme: „Gar nicht lieben oder allzu eifrig und stürmisch lieben."[35] Es geht um die goldene Mitte, um das richtige Maß. Das hat mit Mittelmäßigkeit nichts zu tun. Die Versuchung unserer Zeit liegt im Verlust des Maßes. Auch das Gute in uns kann pervertieren. Vinzenz von Paul schließt mit dem Gedanken: „Wir müssen uns den natürlichen Bedürfnissen fügen und uns mit unseren Grenzen abfinden. Gott überfordert uns nicht. Er kennt unsere Schwierigkeiten genau. In seiner Barmherzigkeit ersetzt er, was uns abgeht. Seine Güte und sein Erbarmen werden das uns Fehlende ergänzen."

Wort in den Tag
Glaube ich das wirklich: „Gottes Güte und sein Erbarmen werden das uns Fehlende ergänzen"? Von einem Mitbruder, der längst verstorben ist, erzählt öfters unser Klosterpförtner. Der Bruder führte viele seelsorgliche Gespräche im Sprechzimmer und der Pförtner hörte immer, wie dieser Bruder seine Gesprächspartner an der Pforte verabschiedete: „Heute Abend denke ich im Gebet noch einmal an Sie!" An einem Tag, an dem der Bruder viele Gespräche hatte, feierte die Gemeinschaft ein Fest. Der Bruder freute sich an einem Glas Wein. Da sagte der Pförtner zu ihm: „Heute musst du eigentlich auf den Knien liegen, so oft hast du den Besuchern dein Gebet versprochen." „Ja", sagte der Bruder, „das nehme ich ganz ernst. Wenn ich schlafen gehe, lasse ich alle Gesichter des Tages noch einmal vorbeiziehen. Ich erinnere mich an die Sorgen und Probleme der Menschen. Dann aber sage ich: ‚Chefsache!' Dann kann ich gut schlafen."

32. Tag · Donnerstag

Verwurzelt

Simone Weil schreibt: „Die Entwurzelung ist bei Weitem die gefährlichste Krankheit der menschlichen Gesellschaft und die Verwurzelung das wichtigste und meistverkannte Bedürfnis der menschlichen Seele." Es gibt heute die territoriale Entwurzelung, den Verlust der Heimat. Bei so vielen Asylanten und Aussiedlern kann man von einer Zeit der neuen „Völkerwanderung" sprechen. Es gibt heute immer mehr „psychische Obdachlose". Ihre Weltanschauungen sind wie Wetterfahnen, die sich nach jeder neuen Mode im Wind drehen. Sie haben keine geistige Heimat. Sie sind seelische Vagabunden. Wer aber seine Heimat verliert, schwebt in einem Zeitraum ohne Konturen. Er wird geschichtslos und entfremdet sich seiner Generation.

Zeit ist einfach da. Jedes Ding und jeder Mensch hat seine Zeit. Ohne Zeit gäbe es keine Geschichte. Die Geschichte lebt davon, dass die Zeit kommt und geht. Geschichte ist erlebte, erfüllte und gedeutete Zeit. Ohne Geschichte wäre alles nur ein sinnloses Abspulen der Zeit. Zeitgeschichte bewahrt die Ereignisse in unserer Erinnerung. Menschen ohne Erinnerung suchen verzweifelt die Spuren der Vergangenheit. Ohne Erinnerung sind sie nicht lebensfähig.

Klöster bewahren die Erinnerung. In Klöstern feiert man die Memoria. In den Bibliotheken hütet man die Chroniken. Klöster sind Orte, die in der Zeit und in der Geschichte verwurzelt sind. Ihre Kirchen und Kathedralen bewahren die unterschiedlichen Epochen der Baukunst. Zwischen Himmel und Erde helfen sie, dass der Zeitgenosse seinen Standort finden kann.

Der ehemalige abendländische Kulturraum ist längst keine einheitliche Größe mehr, sondern enthält eine bunte Vielfalt unterschiedlichster, auch religiöser Teil- und Subkulturen. Doch die Klöster bewahren verlässliche Worte und Bilder gegen die Angst. Sie widersprechen den Unheilspropheten und verkünden Geschichte als Zeit des Heils.

Auf der Pilgerfahrt nach Santiago besuchten wir das Kloster Montserrat. In einer Gebirgskette, von Felstürmen umgeben, steht das Kloster. Eine lange, bewegte Geschichte kennt dieser Ort. Napoleon ließ es niederbrennen. Öfters wurde es wiederaufgebaut. Die schwarze Madonna zieht heute unzählige Scharen von Wallfahrern an. Zum Tagesausklang singen fünfzig Mönche den Choral. Über Jahrhunderte erklingen die gleichen Gesänge. Die Verheißung an Petrus ist spürbar: „Du bist Petrus und auf diesen Felsen werde ich meine Kirche bauen und die Mächte der Unterwelt werden sie nicht überwältigen" (Mt 16,18).

In der Zeit der Völkerwanderung, als in Europa alles in Bewegung geriet, bauten die Benediktiner ihre Klöster als feste, verlässliche Orte, an denen Kult und Liturgie, Kunst und Kultur eine Bleibe fanden. „Das Bleiben wird immer belohnt", schrieb Hans Carossa.

Auf dem Pilgerweg nach Santiago wanderten wir zur Passhöhe des Rabanal. In der baufälligen Dorfkirche sangen drei junge Benediktiner die Psalmen zum Abendgebet der Kirche. Der Raum war gefüllt mit Fußpilgern. Am nächsten Morgen zu den Laudes trafen wir uns wieder mit mehreren Pilgergruppen, den Rucksack für den Tagesmarsch schon dabei. Danach konnten wir die Mönche in dem kleinen Hospiz nebenan sprechen.

Die Missionsbenediktiner aus St. Ottilien hatten in vielen Gesprächen danach gesucht, wo ihr Platz in unserer Zeit sein könnte. „Wir haben Klöster in Afrika und in Asien. Aber Europa haben wir darüber vergessen. Wir haben überlegt, wo wir heute als Missionsbenediktiner am besten wirken können." Einen festen Ort, ein gastliches Haus, eine offene Tür am Pilgerweg, wo so viele auf dem „Camino" unterwegs nach Santiago sind. Sie nehmen die Strapazen auf sich, weil eine Unruhe sie treibt. Viele beginnen ihren Weg in den Pyrenäen. Nach 20 Tagen Fußmarsch haben fast alle Fußbeschwerden. Das Schweigen auf den Wegen sammelt ihre Gedanken um ihr eigenes Lebensziel. „Auf dem Rabanal sind wir ihnen Gesprächspartner. Hören ihnen oft lange zu und nehmen ihre Probleme mit in unser Gebet."

Eine baufällige Kirche, drei junge Mönche und ein „heiliger Ort" entsteht, der ausstrahlt und anzieht. Sie haben Zeit für die vorbeiziehenden Pilger. So können die Oasen in der Wüste aussehen. Neue Glaubensmilieus und Biotope des geistlichen Lebens, die ein neues Zeitempfinden ermöglichen: Rastplatz für die Eiligen, Heimat für die Entwurzelten, heilige Orte, wo Himmel und Erde sich berühren. „Das Bleiben wird immer belohnt!"

Wort in den Tag

Gott hat Zeit für mich

Keiner hat Zeit.
Wenigstens nicht für mich.
Überall suche ich ein Ohr.
Und finde doch nur einen Mund.
Einen, der selber erzählen möchte und nicht zuhören.
Keiner hat Zeit.
Einer hat Ewigkeit.
Gott.
Der schaut nie auf die Uhr.
Ist nie mit seinen Gedanken woanders.
Hängt nie noch dem letzten Gespräch nach.
Hat nie ein „Der Nächste bitte" auf den Lippen.
Ist Tag und Nacht zu sprechen.
Von jedem Punkt des Universums aus.
Er ist da.
Ist jetzt da.
Ist jetzt für dich da.
Wo?
Da, wo du bist.
Sprich ihn an.
Gott ist immer nur ein Gebet weit von dir entfernt.

Jürgen Werth[36]

Morgenrituale

Die Bedeutung der Rituale wird in unseren Tagen wiederentdeckt. Der Mensch wäre überfordert, wenn er jeden Handgriff reflektieren müsste. Rituale sind Zeichenhandlungen. Unser Alltag steckt voller Rituale. Ohne sie funktionieren Gesellschaften nicht. Ein Ritual ist eine nach vorgegebenen Regeln ablaufende Handlung mit hohem Symbolgehalt. Ein festgelegtes Zeremoniell von rituellen Handlungen bezeichnet man als Ritus.

Was geschieht eigentlich, wenn wir für uns persönlich oder wenn wir gemeinsam Rituale vollziehen? Sie bringen Ordnung in mein inneres Durcheinander und helfen mir, achtsam und bewusst zu leben. Sie geben mir das Gefühl, dass mein Leben wertvoll ist. Heute sind viele erfinderisch und vollziehen zum Beispiel ihre Morgenrituale, um den Tag geordnet zu beginnen. Wie mein Tag beginnt? Mit einem Morgenritual: Wenn ich im Kloster um 5.30 Uhr aufstehe, stelle ich mich neben meinem Bett aufrecht hin und atme tief durch. Ganz bewusst mache ich zuerst ein Kreuzzeichen. „Im Namen des Vaters und des Sohnes und des Heiligen Geistes."

Die wichtigsten Fragen meines Lebens sind so eigentlich beantwortet. Was sind solche Fragen? Zum Beispiel: Woher komme ich? Wohin gehe ich? Bin ich dem Schicksal blind ausgeliefert, nur eine Nummer in der Lotterie des Lebens? Nein, über meinem Leben erscheint ein Gesicht. Ein Vater, der mich ruft, mit Namen sogar! Ein Schöpfer, der mich geschaffen, ein Wille, der mich gewollt hat.

Auch die Frage „Wozu bin ich da?" findet eine Antwort. Macht es überhaupt einen Unterschied, ob ich bin oder nicht bin? Ist es gleichgültig, was ich heute aus meinem Tag mache? Dann sagt Jesus: „Du bist mein Freund! (vgl. Joh 15,14f.). Ich sende dich, diese Welt heute ein Stück gerechter zu gestalten!"

Und eine dritte Frage: Was bin ich eigentlich wert? Bin ich nur ein austauschbares Rädchen im Getriebe dieser Welt? Als Kranker oder als alter Mensch abgeschoben ins Altenheim? Der

Geist antwortet: „Ich habe dich geheiligt und dich zu einem Tempel gemacht, in dem die Liebe wohnen soll" (vgl. 1 Kor 3,16). In den Augen Gottes ist jeder kostbar und wertvoll.

Gott, der Vater, ruft uns. Der Sohn sendet uns. Der Geist heiligt uns. Von Gott geht eine Kraft aus, die die ganze Welt durchdringt und umarmt und verwandeln kann. Durch dieses Ritual wird mein Tag geheiligt und meine Stunden erhalten eine Sinndeutung. Nicht nur Leistung und Arbeit bestimmen meinen Tag. An Gottes Segen ist mir gelegen.

Früher gab es in katholischen Familien an der Tür des Schlafzimmers ein „Weihwasserfässchen". Wenn man das Schlafzimmer verließ, nahm man das geweihte Wasser und machte ein Kreuzzeichen. Das Wasser erinnerte an unsere Taufe und dabei vertraute man auf den Schutz und Segen Gottes.

Wenn heute junge Eltern ihre Kinder zum Kindergarten bringen, zeichnen sie oft den Kleinen ein Kreuzchen auf die Stirn. Ihr Schutzengel wird sie auf allen Wegen beschützen.

Wort in den Tag
Ein großes Herz atmen
Ein schönes Morgenritual habe ich in einem Eutoniekurs gelernt, den Sr. Magdalene Heeke hielt, die lange mit Frau Urban zusammengearbeitet hat: Wir öffnen die Fenster und atmen ruhig durch. Die Hände halten wir vor dem Leib wie eine Schale. Dann legen wir die Hände zusammen und heben sie weit über den Kopf nach oben. Dabei atmen wir tief ein. Dann strecken wir beim Ausatmen die Hände weit aus und führen sie langsam nach unten zum Ausgangspunkt wieder zusammen. Die Hände zeichnen die Form eines großen Herzens. Während man das große Herz atmet, kann man an einen lieben Menschen denken oder einem Kranken und Belasteten seinen Segen schicken.

Solche Morgenrituale brauchen nicht viel Zeit. Aber sie sind ein Zeichen, dass man nicht nur in den Tag stolpert. Man verwurzelt sich durch dieses Ritual in einer Wirklichkeit, die größer ist als unsere Armseligkeit.

34. Tag · Samstag

Das Stundengebet
– Heiligung der Zeit

Stundengebet – Was für ein Name! Nicht mehr die Uhr teilt den Tag in Stunden ein, sondern der Rhythmus des Stundengebetes bestimmt den klösterlichen Tagesablauf. Schon sehr früh morgens steht der Mönch auf, um in den Laudes den Lobpreis Gottes zu singen. Stundengebet – das Gebet, nicht Arbeit prägt diese Stunde. „Im Stundengebet entsteht aus dem unpersönlichen Vergehen der Stunden eine neue Zeitqualität. Aus der sachlichen Zeit – ‚Wie spät ist es?‘ – wird eine personale Zeit: ‚Dein ist der Tag, dein auch die Nacht‘ (Ps 74,16)."[37]

Das Stundengebet wird zu festgelegten Zeiten im Chor des Klosters von den Mönchen und Nonnen oder von den Brüdern und Schwestern gebetet. Es ist Pflicht für alle. Es sind Tageszeiten-Gebete: das Morgengebet, Mittags- und Abendgebet und das Nachtgebet (Laudes, Sext, Vesper, Komplet). Seit die Klöster sich öffnen, können auch Laien am Chorgebet teilnehmen.

Das Stundengebet unterbricht meine Arbeit. Diese Unterbrechung, manchmal gegen meine Neigung, ist wohltuend. Wenn unsere kleine Klosterglocke zur Mittagszeit läutet, stehe ich vom Pult auf und mache meinen PC aus. Das Stundengebet setzt Zäsuren im schnellen Fluss der Zeit.

Das Stundengebet ist kein „privates" Gebet. Ich bete in Gemeinschaft meiner Brüder. Der Chorraum wird universal weit. Es hilft mir, wenn ich mich daran erinnere, dass zur gleichen Stunde fast eine Million Mönche und Nonnen, Schwestern und Brüder und viele Gläubige den gleichen Psalm beten. Ein großer, weltweiter Chor von Sängern und Betern, die gleichsam Schulter an Schulter um die gleiche Zeit die gleichen Gebete sprechen. Mein Alltag erhält seine Weihe und Gott ist mitten unter uns, wie sein Name sagt: „Ich bin, der ‚Ich-bin-da‘!"

Wort in den Tag

Wenn das Kloster morgens seine Pforten öffnet, komme ich, um mit den Brüdern die Laudes zu beten.

Ich habe mir seit einigen Jahren das Stundengebet zur Pflicht gemacht, weil meine Beziehung zu Gott mehr sein muss als nur der sonntägliche Gottesdienst. Mittlerweile ist es mir längst nicht mehr Pflicht, sondern Freude und Erfüllung, Rhythmus und Höhepunkt des Tages. Es ist eine neue Form der Zeiterfahrung, die aus der Zeit Gottes kommt.

Vor allem das gemeinsame Sprechen und Singen der Texte lässt diese Zeiterfahrung entstehen. Die zweitausend Jahre alten Psalmen verbinden mich über Raum und Zeit hinweg mit den frühen Betern des Christentums wie mit denen der Gegenwart. Das gemeinsame psalmodierende Sprechen und Singen (Psalmen, Responsorien, Gebete) in einer gleichbleibenden Tonlage, ohne Tonhöhenbewegung, Akzentuierung und Intonationsmuster bewirken eine kognitive und emotionale Befriedung, die die Zeit vergessen lässt in einem Gefühl der Zeitenthobenheit. Es entfernt mich von mir selbst, meine Stimme wird von den Stimmen der anderen aufgenommen, der Rhythmus des Sprechens ist nicht mehr mein Rhythmus, sondern der Rhythmus der Gemeinschaft, der trägt.

Es ist eine Zeiterfahrung, die die Alltagszeit überschreitet und verwandelt, weil Gott sie verwandelt und sie so ihre ,Heiligung' erfährt. ,Heiligung der Zeit' bedeutet Gegenwart des Heils, nicht erst am Ende der Tage, sondern jetzt, im Augenblick.

Heiligung der Zeit bedeutet auch die eigene Heiligung, weil ich meine Zeit bin für alle, die mir begegnen, für alles, was ich tue und was mir zustößt. Heiligung der Zeit geschieht durch die Gegenwart Gottes, in die hinein wir unsere Gebete sprechen.

Gegenwart Gottes ist jenseits von Vergangenheit und Zukunft und wird im psalmodierenden Sprechen und Singen reine Gegenwart in jedem Wort, in dem ich selbst reine Gegenwart bin, wie Gott reine Gegenwart ist.

Edeltraud Bülow

Heilszeit

35. Tag · Montag in der Karwoche

Heilsgeschichte

„Nichts Neues unter dem Himmel." Alles kommt wieder! In der Antike galt eine zyklische Zeitauffassung. Die Geschichte hatte kein Ziel, sondern verlief im Kreislauf der Jahreszeiten. Die Heilige Schrift kennt einen Zeitbegriff, der die Zeit als Ablauf von Ereignissen definiert, die also linear verläuft. Öfters wird die Zeit der Geburt eines Propheten (Johannes der Täufer) datiert durch die Regierungszeit eines Herrschers (zur Zeit des Herodes – Lk 1,5). Die Antike hatte dafür den Begriff „chronos".

Neben der chronologischen Zeitbestimmung kennt die Bibel den „Kairos", den entscheidenden Punkt, eben die Stunde, auf die es ankommt. Wenn Jesus seine Verkündigung beginnt, schreibt der Evangelist Markus: „Die Zeit ist erfüllt, das Reich Gottes ist nahe. Kehrt um und glaubt an das Evangelium" (Mk 1,15). Mit dem Kommen Jesu ist die Zeit erfüllt. Dieser Augenblick liegt nicht in der Macht des Menschen. Er ist Gottes Handeln in unserer Geschichte. Unsere Geschichte wird zur Heilsgeschichte.

Die Auffassung der Zeit als ein vorwärtsweisender Pfeil ist stark von der Bibel geprägt. Auf dieser Zeitlinie lassen sich die Epochen der Weltgeschichte auftragen und durch Jahreszahlen markieren. Das mythische Denken kennt nur das „Immer-Wieder". Es orientiert sich am Kreislauf der Gestirne, bleibt also in der Natur verhaftet. Erst das göttliche Wort hat Neues angesagt und damit wird Heilsgeschichte eröffnet und in Gang gesetzt.

Die heilsgeschichtlich entscheidende Aussage steht in Galater 4,4: „Als die Zeit (Kairos) erfüllt war, sandte Gott seinen Sohn." Das Kommen Jesu ist die Erfüllung der Zeit. Hier kommt der Weltlauf zu seinem Sinn und Ziel. Auch wenn wir nicht wissen, wie lange die Weltgeschichte weiterläuft, das Entscheidende, Endgültige ist geschehen, d. h. es wird sich von Gott her nichts grundsätzlich Neues mehr ereignen. Was noch aussteht, ist die universale Durchsetzung dessen, was schon gilt. Das Reich Gottes muss wachsen.

Heilsgeschichtliches Denken und Handeln meint die Befreiung aus der bedrückenden Wirklichkeit und das Hineinwachsen in ein neues, erfülltes Dasein. Das Erscheinen Jesu von Nazaret bildet das Zentrum der christlichen Heilsvorstellungen, da er das beginnende „Reich Gottes" und somit das beginnende „Heil" und das Ende alles Bösen verkündet.

Mit der Schöpfungsgeschichte beginnt Gottes Heilswerk. Die Mitte der christlichen Heilsgeschichte ist das Leben und Wirken, der Kreuzestod und die Auferstehung des Jesus von Nazaret (Gal 4,4; Eph 1,10). Die Geschichte nach Christus gilt als „letzte Zeit" oder „Endzeit", in der das Evangelium zu allen Völkern dringt, bis der Messias Jesus Christus in Herrlichkeit wiederkommt. Nach 1 Petr 1,25 bleibt Gottes Wort „in Ewigkeit" – über alle Zeiten hinaus. Jesus Christus ist derselbe gestern, heute und „in Ewigkeit" (Hebr 13,8).

Das heilsgeschichtliche Zeitbewusstsein ist durch das biblische Gottesbild geprägt. Gott ist nach biblischem Verständnis kein Gott auf Distanz, er schließt einen Bund mit seinem Volk. Er engagiert sich für sein Volk, das immer wieder abfällt und den Götzen verfällt. Um seiner eigenen Treue willen schließt Gott neu seinen Bund.

Schließlich sendet er seinen eigenen Sohn: „Gott hat die Welt so sehr geliebt, dass er seinen einzigen Sohn hingab, damit jeder, der an ihn glaubt, nicht zugrunde geht, sondern das ewige Leben hat" (Joh 3,16). Im Glaubensbekenntnis heißt es: „Für uns und zu unserem Heil ist er vom Himmel herabgestiegen."

Kreuz und Auferstehung sind der Gipfel der leidenschaftlichen Beziehungsgeschichte Gottes mit uns Menschen. Das Schlüsselwort zum Verständnis der Liebe Gottes hören wir in jeder Eucharistiefeier: „pro vobis" – für euch hingegeben. Christus gab sein Leben für uns.

Das Christentum ist die Religion einer Liebesgeschichte zwischen Gott und Mensch. Im Herzen der Botschaft Jesu befindet sich der Mensch. Er ist das Ziel der Inkarnation und der Erlösung. Der Mensch ist „Angelpunkt" des Reiches Gottes. Der Ort in der Welt, an dem Gott gegenwärtig ist, ist der Mensch.

Gott selbst ist in seinem innersten Wesen Beziehung. Die innigste Liebesbeziehung besteht zwischen Vater, Sohn und Heiligem Geist. Das bekennen wir Christen vom dreifaltigen Gott. In diese Liebesbeziehung zieht Gott den Menschen hinein. Er lässt uns nicht als Waisen zurück. Er sendet den Heiligen Geist. Er ist alle Tage bei uns bis ans Ende der Welt.

Wenn unsere Generation unter Gleichgültigkeit und Distanz leidet, dann müssen wir von einem Gott sprechen, der Vater im Himmel ist und uns alle zu Schwestern und Brüdern macht.

Wort in den Tag

Als Zeitgenossin bin ich mir bewusst, im 21. Jahrhundert zu leben und im 3. Jahrtausend. Ich erinnere mich an das erhebende Gefühl, als dieses 3. Jahrtausend mit dem Geläut der Domglocken begann. Begann so auch das 3. Jahrtausend der Heilsgeschichte? War ich mir dessen ebenso bewusst? Oder hat die Heilsgeschichte eine andere „Zeitrechnung"? Erlebe ich sie auch in Jahren und Jahrzehnten oder ist sie nicht zählbar, weil sie bereits Ewigkeit ist in der Zeit? Habe ich ein heilsgeschichtliches Bewusstsein, wie ich ein Bewusstsein meines Alters habe?

Die Heilsgeschichte Gottes mit seinem Volk, wie sie das Alte Testament berichtet, ist weit weg von mir. Aber der Gruß des Engels an Maria und an die Hirten auf dem Feld markiert für mich den Beginn der Heilsgeschichte: „Und das habt zum Zeichen!"

Heilsgeschichte bedarf der Zeichen. Jede Epoche der Menschheitsgeschichte hat ihre Zeichen, an denen sie erkennbar ist. Die Zeichen der Heilsgeschichte Gottes mit den Menschen sind Geburt, Tod und Auferstehung Jesu. Aber wo beginnt meine Heilsgeschichte? Wo spüre ich sie? Welches ist das Zeichen für mich in meiner Lebensgeschichte, sodass mein Bewusstsein ein heilsgeschichtliches wird?

Geschichte, Heilsgeschichte bedeutet Erinnerung, memoria. Wenn ich beim Betreten der Kirche das Kreuzzeichen mit dem Weihwasser mache, „erinnere" ich mich an meine Taufe und erneuere sie, auch wenn der Taufakt selbst damals noch nicht in mein Bewusstsein eingehen konnte. Ich vergegenwärtige mir meine Zugehörigkeit zu Christus als ein heilsgeschichtliches Faktum, das mein Bewusstsein als ein heilsgeschichtliches prägt. Die Zeichen der Liturgie in der Eucharistiefeier haben die gleiche Funktion: memoria passionis und communio, wie ER sie gestiftet hat und stiftet.

Aber neben dem Zeicheninventar der Kirche, das die Heils-geschichte im liturgischen Handeln gegenwärtig und bewusst hält, bedarf es des je eigenen Zeichens, das mich als unver-wechselbare Person auszeichnet, das mir in einem besonderen Ereignis zuteil wird, in dem Gott mir augenblickhaft in einem Zeichen gegenwärtig ist.

Während einer Exerzitienwoche geschah dies: In einem schatti-gen Zimmer nach einer – wie mir schien missglückten – Meditation über das Gebet des heiligen Franziskus, sah ich das Kruzifix an der Wand in einem strahlend hellen Dreieck wie in einem Haus aufleuchten (hervorgerufen durch die in einen schräg gestellten Fensterrahmen einfallende Sonne, was ich erst später begriff): das Kreuz, der Gekreuzigte, im Glanz seiner Herrlichkeit. Das Motto der Exerzitienwoche war ein Wort der heiligen Klara: „Stell deine Seele in den Glanz seiner Herrlichkeit."

So ist Heilsgeschichte immer Gegenwart, nicht Vergangenheit und nicht Zukunft: Jetzt ist die Zeit des Heils.

Edeltraud Bülow

36. Tag · Dienstag in der Karwoche

Biografie

Vom Urknall bis zum „Weltuntergang" – von Alfa bis Omega – Milliarden von Jahren. Und irgendwo dazwischen meine Lebensgeschichte. Diese kleine Weile zwischen Geburt und Tod. Meine Geschichte, meine unverwechselbare Biografie – blindem Schicksal ausgeliefert oder doch in Gottes Hand?
In den Psalmen wird oft darüber nachgedacht: „Was ist der Mensch? Des Menschen Tage sind wie das Gras, es blüht wie die Blume des Feldes, fährt der Wind darüber, ist sie dahin" (Ps 105,106). „Du hast meinen Tagen ein Maß gesetzt" (Ps 38,6). „Unsere Tage zu zählen, lehre uns!" (Ps 90,12). „In deiner Hand liegt mein Geschick" (Ps 31,16). Hat Gott auch mit mir eine Geschichte? Eine Heilsgeschichte?
Wäre meine Zeit wie ein Kleid, könnte ich sie beliebig wechseln. Die Arbeitszeit würde ich oft mit der Freizeit tauschen. Die Schulzeit und die Leidenszeiten würde ich verkürzen. Aber die Zeit ist mir näher als ein Kleid. Sie ist keine Sache, die ich kaufen und erwerben kann. Ich habe nicht Zeit. Ich bin zeitlich. Ich bin in der Zeit seit meiner Zeugung. Ich werde, ich wachse, ich werde alt. Und einmal ist sie für mich abgelaufen.
Meine Tage und Jahre sind Geschichte geworden. Keine große Geschichte, aber meine Lebensgeschichte. Geschichte heißt doch, dass da etwas geschehen ist, dass ich etwas getan habe, dass mir etwas zugestoßen ist. Manchmal war es eine Erfolgsgeschichte oder auch Liebesgeschichte. Und die Leidensgeschichten konnte ich nicht vermeiden. Der Tod ist das Ende meiner Biografie. Er setzt den Schlusspunkt.
Am Ende, am Kreuz, hat Jesus gesagt: „Es ist vollbracht." Eigentlich war er gescheitert. Dennoch sagt er: Es ist vollbracht. Ob ich das Ende meiner Lebensgeschichte mit diesem Schlusspunkt beenden darf? Ich vertraue darauf. Er wird nach mir schauen, wie er nach dem Schächer an seiner Seite schaute und zu ihm sagte: „Noch heute wirst du mit mir im Paradies sein" (Lk 23,43).

Immer wieder hat er es mir gesagt, dass ich sein Freund bin und dass Gott ein mitgehender Gott ist. Denn Gottes Leidenschaft ist der Mensch.

Ich habe mir die Worte gemerkt, die er mir durch die Bibel geschenkt hat. Wenn ich mit innerer Aufmerksamkeit auf diese Stimme höre, vernehme ich in meiner innersten Mitte Worte, die mir sagen: „Ich habe dich bei deinem Namen gerufen. Ich habe ihn sogar in meine Hand geschrieben. Du bist mein geliebter Sohn, an dir habe ich immer Wohlgefallen. Ich habe dich in den Tiefen der Erde geformt und dich im Schoß deiner Mutter gewoben. Ich habe dich im Schatten meiner Flügel geborgen. Ich blicke auf dich mit unendlicher Zärtlichkeit und sorge mich um dich mit einer Sorge, die noch viel tiefer geht als die Sorge einer Mutter um ihr Kind. Ich habe jedes Haar deines Hauptes gezählt und jeden deiner Schritte geleitet. Wo immer du hingehst, gehe ich mit dir, und wo immer du ruhst, wache ich über dich. Ich will mein Angesicht nicht vor dir verbergen. Wo immer du sein wirst, will auch ich sein."

Ich bin kein Zufallsprodukt der Evolution und keine Nummer in einem Glücksspiel. Einer hat mich gewollt und erschaffen. Er hat mich mit Namen gerufen. Unter sechs Milliarden Menschen bin ich einzig und einmalig. Kein Mensch gleicht dem anderen. Alle sind Originale und keine Kopien. Was die Schöpfung hervorbringt, sind Originale. Meine Biografie ist geheiligt. Meine Geschichte ist durch ihn Heilsgeschichte.

Wort in den Tag

Herr meiner Stunden und meiner Jahre,
du hast mir viel Zeit gegeben.
Sie liegt hinter mir
und sie liegt vor mir.
Sie war mein und wird mein,
und ich habe sie von dir.
Ich danke dir für jeden Schlag der Uhr
und für jeden Morgen, den ich sehe.

Ich bitte dich nicht, mir mehr Zeit zu geben.
Ich bitte dich aber um viel Gelassenheit,
sie zu füllen, jede Stunde,
mit deinen Gedanken über mich.

Ich bitte dich, dass ich ein wenig dieser Zeit
freihalten darf von Befehl und Pflicht,
ein wenig für Stille,
ein wenig für das Spiel,
ein wenig für die Menschen am Rande meines Lebens,
die einen Tröster brauchen.

Ich bitte dich um Sorgfalt,
dass ich meine Zeit nicht töte,
nicht vertreibe, nicht verderbe.
Jede Stunde ist ein Streifen Land.
Ich möchte ihn aufreißen mit dem Pflug,
ich möchte Liebe hineinwerfen,
Gedanken und Gespräche,
damit Frucht wächst.
Segne du meinen Tag.

Jörg Zink[38]

37. Tag · **Mittwoch in der Karwoche**

Mein letzter Tag

„Mein letzter Tag" – ein Wort mit zahlreichen Bedeutungen. Im Internet beschreiben Austauschstudenten ihren letzen Tag in Deutschland mit folgenden Worten: „Er war vielleicht etwas stressig, mein letzter Tag, aber das Tolle daran war, dass ich nicht an Abschied denken musste" (Laura aus England). „Habe morgens die Leute auf meiner Abschiedsparty verabschiedet, dann angefangen zu packen (Leute, fangt bloß früher an als ich!)" (Kate aus den USA).

In seinem Song „Letzter Tag" besingt Herbert Grönemeyer den letzten Tag mit solchen Worten: „Weiß man, wie oft ein Herz brechen kann? Leben wir noch mal? Was heilt die Zeit?" Und weiter im Refrain: „Ich bin dein siebter Sinn. Dein doppelter Boden. Dein zweites Gesicht ... Du bist eine gute Prognose. Das Prinzip Hoffnung. Ein Leuchtstreifen aus der Nacht ..."

Der letzte Tag. Mein letzter Tag? Abschiedlich leben, Abschiede einüben, von Abschied zu Abschied, bis der letzte gelingt? Unsere Lebenszeit ist die Probe darauf, den Abschied einzuüben. Viele Abschiede, viele kleine Tode müssen wir erleben und erleiden, bis wir reif sind, den letzten Abschied mit Würde zu bestehen. Alles in uns ist auf Festhalten programmiert. Dennoch: Alles, was wir festhalten wollen, entgleitet uns auf geheimnisvolle Weise. Aber wir ahnen, dass Neues nur wächst, wenn wir Altes loslassen. Was heilt die Zeit?

Am Gründonnerstag wird Jesus Abschied von seinen Freunden nehmen. Er feiert seinen Abschied mit einem Mahl. Das Paschamahl erinnert sie an die Befreiung aus der Sklaverei in eine neue Freiheit, die Gott schenkt. Abschied angstfrei mit einem Mahl feiern? Nur wer zum Abschied bereit ist, der hat Zukunft. Eigentlich wissen wir das alle. Aber jeder glaubt, dass er noch viel Zeit vor sich hat. Früher sagte man im Plattdeutschen, wenn einer starb: „He is ut de Tiet goahn!" – Er ist aus der Zeit gegangen. Aus der Zeit gehen in die Ewigkeit. So einfach ist das?

„Hat sie noch Hoffnung?" Die Ärzte haben unmissverständlich gesagt, dass sie sterben wird. Noch drei Monate haben die Ärzte ihr gegeben. Zwei davon sind schon vergangen. „Ja", sagt sie entschieden. „Aber es ist nicht die Hoffnung, dass ich noch lange lebe. Es ist die Hoffnung, mich freuen zu können in der Zeit, die mir noch bleibt. Heute dieses Glück und morgen jenes. Das Leben ist doch nach wie vor schön." Seit sie weiß, dass sie sterben wird, lebt sie viel intensiver.

Ich bleibe am Strand des Meeres gerne stehen und schaue hinaus auf die Weite des Wassers, wo der Wind die Wellen bewegt. „Großes Meer, so tief und weit, Spielraum der Unendlichkeit, wo sind deine Grenzen?" Ein Gleichnisbild meines Lebens? Wenn mein Boot aus dem Hafen der Kindheit ausläuft, beginnt der Kampf gegen die Stürme des Alltags, gegen die Probleme und Konflikte des Lebens. Wenn sich der Abend des Lebens nähert, fahre ich wieder in ruhigem Wasser, bis ich am Kai des Hafens anlege.

Der Philosoph Karl Jaspers schreibt: „Ich bin mit dem Meer aufgewachsen. An einem Abend ging ich mit meinem Vater den weiten Strand hinunter ... Ich war wie verzaubert, habe nicht darüber nachgedacht. Die Unendlichkeit habe ich damals unreflektiert erfahren. Seitdem ist mir das Meer wie der selbstverständliche Hintergrund des Lebens überhaupt. Das Meer ist die anschauliche Gegenwart des Unendlichen. Unendlich die Wellen. Immer ist alles in Bewegung, nirgends das Feste und Ganze in der doch fühlbaren unendlichen Ordnung."[39]

Aber im Wasser kann man untergehen. Das Meer kann einen verschlingen. Viele haben Angst, auf das Meer hinauszuschwimmen. Ebbe und Flut sind unberechenbar und bedrohen uns, wie der Tod, der unberechenbar ist.

„Meister, kümmert es dich nicht, dass wir zugrunde gehen?", schrien die Jünger vor Angst. Der Herr schlief auf einem Kissen seelenruhig im Boot. „Da stand er auf, drohte dem Wind und sagte zu dem See: Schweig, sei still! Und der Wind legte sich und es trat völlige Stille ein. Er sagte zu ihnen: Warum habt ihr solche Angst? Habt ihr noch keinen Glauben?" (Mk 4,38-40)

Wort in den Tag

Am Ende, wenn ich aus meinem Boot aussteigen muss, wenn ich „aus der Zeit gehe" in die Ewigkeit, dann gebiete, Herr, den Winden und Wellen und all meinen Ängsten: „Schweigt, seid still!" Dann rufe mir das Wort zu, das du dem Petrus sagtest, als er sich fürchtete, über das Wasser zu dir zu kommen, das entscheidende Wort: „Komm!" (Mt 14,29).

38. Tag · Gründonnerstag

Universale Wandlung

Können Vergangenheit und Zukunft in der Gegenwart zusammenfallen? In der Erinnerung lebt die Vergangenheit auf. In der Feier wird die Zukunft schon sichtbar. Der Ort, wo solches geschieht, ist die Eucharistiefeier.

„Tut dies zu meinem Gedächtnis!", sagte Jesus beim Abendmahl zu seinen Jüngern. Es war seine kostbare Erbschaft an uns. Wenn ihr das Brot brecht, bin ich lebendig und berührbar bei euch. So ist es kein leeres Versprechen: „Ich bin alle Tage bei euch, bis ans Ende der Welt." Bei der Memoria, dem gefeierten Andenken, ist er wirklich in unserer Mitte gegenwärtig.

Das ist mehr als eine „Zeitreise" in die Vergangenheit. Wenn ich einen gut gemachten Film über ein vergangenes Ereignis anschaue, bin ich schnell so in das Geschehen hineinversetzt, als befände ich mich in einer anderen Epoche. In der Eucharistie wird Vergangenheit zur Gegenwart. Alles, was er gesagt und Gutes getan hat, was er in Kreuz und Auferstehung aus Liebe und Hingabe (pro vobis – für euch) gegeben hat, erfahre ich neu. So gegenwärtig ist er, dass ich ihn mir in der Kommunion „einverleiben" darf.

Ich war nicht dabei, als Jesus „vom Himmel herabgekommen ist" (Inkarnation), um unseres Heiles willen, wie das Glaubensbekenntnis sagt. Franz von Assisi sagte: „Seht die Demut Gottes! … Wie er einst vom himmlischen Thron in den Schoß der Jungfrau herabkam, so steigt er hernieder auf unseren Altar." Nirgends berühren sich Himmel und Erde mehr, nirgends sind sie offener füreinander als in der Eucharistie. Tod und Leben, Zeit und Ewigkeit sind eins. Und ich und die ganze Gemeinde sind dabei. Wir sind hineingenommen in dieses Mysterium der Verwandlung.

Auch die Zukunft wird schon sichtbar. Denn wir feiern, was uns fehlt. Wir feiern den Frieden, obwohl unsere Tage voller Gewalt und Missgunst sind. Wir feiern Versöhnung, obwohl der Streit manchmal mitten durch unsere Reihen geht. Wir feiern, was uns fehlt. Und feiernd begreife ich, dass ich etwas ändern kann. Es muss nicht so bleiben, wie es ist. Wir reichen einander die Hand.

Wir erfahren, dass die ersten Schritte zu Frieden und Versöhnung mitten unter uns möglich sind. Die Zukunft hat in der Gegenwart schon begonnen. Die Gegenwart ist reif für die Verwandlung.

Ich werde unseren Gottesdienst an einem Höhenweg in den Alpen über dem Aletschgletscher nie mehr vergessen. Wir waren alle berührt vom Zauber dieses Augenblicks, der Anfang und Ende, Geburt und Vollendung der Schöpfung wie in einem Brennpunkt sammelte. Der weite Horizont, die strahlende Sonne, das Säuseln des Windes, die Quelle nebenan, der gespaltene Fels – unser Altar. Die ganze Welt war unser Altar bis in die Abgründe der Erdgeschichte vom Alpha bis zum Omega der Schöpfung, die sich ständig wandelt. Und wir feierten die Wandlung in der Eucharistie – Mysterium fidei. Wir selber wurden in diese Verwandlung hineingezogen. Wer war nicht berührt vom Glanz seiner Herrlichkeit, der diesen Flecken Erde für uns zum Berg Tabor machte, wo Himmel und Erde sich begegnen!

Einer sprach dann von Teilhard de Chardin. Er zitierte sein Wort: „Die sakramentale Hostie auf dem Altar ist umhüllt mit der unendlich viel größeren Hostie, die nichts weniger ist als das Universum selbst."

Die Verwandlung des Kosmos durch die Eucharistie ist ein Zentralthema bei Teilhard de Chardin, der Naturwissenschaftler und Theologe war. Die Wandlungsworte des Priesters gelten nach Teilhard nicht nur Brot und Wein, sondern der ganzen Schöpfung: „Über alles Leben, das an diesem Tage keimen, wachsen, blühen und reifen wird, sage neu: Dies ist mein Leib. Und über allen Tod, der sich zu zerfressen, zu welken, zu schneiden anschickt, befiehl: Dies ist mein Blut." Um uns herum wird alles durch das Wort des Priesters verwandelt, alles wird durchlässig für Christus.

Teilhard de Chardin schreibt: „Die Eucharistie verpflichtet uns, ganz Kinder dieser Erde zu werden, aber zugleich diese Erde mit dem Geist Christi zu durchdringen, alle unsere irdische Tätigkeit in den Dienst der Verwandlung des Kosmos zu stellen. Der eucharistische Christus durchdringt den Kosmos, heiligt die Materie und drückt ihr seinen göttlichen Stempel auf." Und so verklärt die Eucharistie unsere Welt nach und nach in den göttlichen Bereich: Die Messe ist „ein Ereignis des Weltalls". In ihr „sammelt sich das ganze Universum und tritt in einen neuen Zustand der Entwicklung ein. Wenn wir also die Eucharistie feiern, nehmen wir alle Kräfte der Evolution in uns auf und führen das Weltall seiner letzten Vollendung entgegen." Und: „Die Messe ist immer eine Messe der Welt, die Krönung ihrer Schönheiten, ihrer Anstrengung, ihres Leidens und ihrer geheimen Sehnsucht."[40]

Wort in den Tag

Universale Eucharistie

Dein Leib
In meinen Händen
So klein bist DU

Das Universum
In meinen Händen
So groß bist DU

Dein Leib
In meinem Leib
So nah bist DU

Lass mich leben
Aus deinem Leib
Mit jeder Zelle meines Leibes
In jedem Atemzug
In jedem Gedanken
In jedem Wort

Lass mich leben
Aus der Kraft des Universums
Mit der DU die Sterne hältst auf ihrer Bahn
Monde und Sonnen
Den Erdkreis
Und mich

Edeltraud Bülow[41]

39. Tag · Karfreitag

Kosmischer Mittelpunkt: Das Kreuz

Geschichte kann erforscht, in ihren Zusammenhängen beschrieben, in Epochen und Perioden gedeutet werden. Der Geschichtsforscher kennt die exakten Daten und bestimmt die Chronologie. Mit dem Urknall beginnt die Geschichte des Universums. Und die Geschichte der Menschheit wird durch große Herrscher, durch Krieg und Frieden bestimmt. Welche Mächte bestimmen den Lauf der Geschichte? Ist alles Zufall oder gibt es eine lenkende Hand? Gibt es einen Sinn hinter allem oder ein Ziel, nach dem alle Entwicklung strebt? Darf man trotz aller Wirren und Niederlagen von Heilsgeschichte reden?
Durch die ganze Geschichte ist Gott seinem Bund mit seinem Volk treu geblieben. Auch wenn das Volk untreu wurde und den Götzen nachlief, hat Gott sie nicht verlassen und seinen Bund erneuert. Er war der mitgehende, wegbegleitende Gott. Und als „die Zeit erfüllt war", hat er seinen Sohn in die Welt gesandt. „Denn Gott hat die Welt so sehr geliebt, dass er seinen einzigen Sohn hingab, damit jeder, der an ihn glaubt, nicht zugrunde geht, sondern das ewige Leben hat (Joh 3,16).
Als Jesus in die Welt kam, war die entscheidende Stunde gekommen. Die Geschichte der Menschheit wurde mit dem Siegel des Heils und der Erlösung geprägt. Seit der Geburt Christi richten wir die Zählung des Kalenders auf seinen Namen aus. Die Zeit, die stetig dahingeht, zählen wir nach Stunden und Tagen, in Wochen und Monaten. Wir haben keinen Einfluss auf ihr Kommen und Gehen und ihre Dauer. Diese rein quantitative Zeit ist leer.
Aber durch das Kommen Christi gewinnt die Zeit ihre Qualität, eine personale Dichte. Durch Tod und Auferstehung Jesu sind wir und alle, die vor uns waren und nach uns kommen, durch sein kostbares Blut erlöst. Heilsgeschichte ist eine Beziehungsgeschichte. Alle Menschen will der Gekreuzigte und Auferstandene in diese Liebesbeziehung hineinziehen.

Der Apostel Paulus stellt diesen heilsgeschichtlichen Zusammenhang im Brief an die Korinther heraus: „Vor allem habe ich euch überliefert, was auch ich empfangen habe: Christus ist für unsere Sünden gestorben, gemäß der Schrift, und ist begraben worden. Er ist am dritten Tag auferweckt worden, gemäß der Schrift ..." (1 Kor 15,3-4). Sonst wäre unser Glaube sinnlos (Verse 13-14).

Tod und Auferstehung sind Ereignisse, die die Geschichte verwandelt haben, Ereignisse, die nicht mehr überboten werden können. Paulus schreibt: „Nun aber ist Christus von den Toten auferweckt worden als der Erste der Entschlafenen. Da nämlich durch einen Menschen der Tod gekommen ist, kommt durch einen Menschen auch die Auferstehung der Toten. Denn wie in Adam alle sterben, so werden in Christus alle lebendig gemacht werden" (1 Kor 15,20-22).

Am Karfreitag wird uns die heilsgeschichtliche Bedeutung des Kreuzes vor Augen gestellt. Im Jahre 230 nach Christus sagte Bischof Hippolyt von Rom in einer Osterpredigt: „Dieser himmelweite Baum ist von der Erde empor zum Himmel gewachsen. Er ist der feste Stützpunkt des Alls, der Ruhepunkt aller Dinge, die Grundlage des Weltenrundes, der kosmische Schwerpunkt. Er fasst in sich zur Einheit zusammen die ganze menschliche Natur. Er rührt an die höchsten Spitzen des Himmels und festigt mit seinen Füßen die Erde, und alles dazwischen umfasst er mit seinen unermesslichen Armen."

Der Himmel wird geerdet und die Erde emporgehoben. Durch den Kreuzesbaum verbindet sich der Himmel mit der Erde. Das Heil der Welt ist auf das Kreuz gegründet. Die Legende sagt, dass Adam, der erste Mensch, auf Golgota begraben wurde. Aus seinem Grab, aus dem Herzen Adams, wuchs ein Baum, aus dem die römischen Soldaten das Kreuz Christi zimmerten. Adam nimmt im Ungehorsam die Frucht vom Baum des Paradieses. Der zweite Adam, Christus, erlöst alle Menschen durch seinen Tod am Holz des Kreuzes.

Wort in den Tag

Alte Legenden schlagen Brücken über Jahrhunderte und deuten unsere Geschichte. Eine Legende aus dem Mittelalter[42] verbindet das Paradies mit Golgota:

Adam war uralt geworden. Im Schweiße seines Angesichtes hatte er die Erde beackert. Wie gerne hätte er nur ein einziges Mal den Ort seines ersten Glückes, das Paradies, wiedergesehen! Jetzt lag er im Sterben. Seth, sein Lieblingssohn, bat ihn: Vater, zeig mir den Weg zum Paradies! Ich hole für dich einen Zweig vom Baum des Lebens; er wird dir Gesundheit bringen, und du wirst weiterleben!

So machte sich Seth auf den Weg. Und der Engel am Tor zum Paradies ließ sich erweichen. Seth durfte das Zweiglein vom Lebensbaum brechen. Doch als er zu seinem Vater zurückkehrte, war der schon gestorben. So legte er den Paradieszweig auf Adams Herz. Mit dem Zweig begruben sie ihn.

Aus dem Zweiglein, das Seth vom Paradies geholt hatte, wuchs ein gewaltiger Baum. Tausend Jahre später bewunderte ihn König Salomon. Er befahl, aus seinem Holz eine Hütte zu bauen, in der er über den Sinn des Lebens nachdenken wollte. Doch das Holz des mächtigen Baumes ließ sich nicht zusammenfügen. Voller Zorn warfen sie die Balken in einen See. Es war der Ort, wo später ein Teich immer dann Wellen schlug, wenn Kranke ihn aufsuchten, um von ihren Gebrechen geheilt zu werden.

Nur wenige Tage vor der Kreuzigung Christi schwamm das Holz auf dem Wasser des Sees. Die Soldaten, die Christus kreuzigen sollten, holten die Balken aus dem Wasser und zimmerten daraus das Kreuz.

Dreihundert Jahre später fand Kaiserin Helena die drei Golgotakreuze, die lange Zeit verschollen waren. Durch die Berührung mit dem wahren Kreuz des Herrn wurde ein schwerkranker Mann geheilt. Die fromme Kaiserin ließ das Kreuz Christi in viele Teile und Splitter zerlegen, fasste sie in Gold, Silber und Edelsteine, und sandte sie dann an alle Hauptkirchen des Erdkreises. In die Altäre der großen Kathedralen legte man die Kreuzpartikelchen und feierte darüber das Kreuzesopfer Jesu Christi.

40. Tag · Karsamstag

Sabbatruhe

Die Heilung und Heiligung der Zeit ist der Sabbat. Der Sabbat ist die Kunst der Ruhe. In besonderer Weise ist der Sabbat im Judentum und der Sonntag im Christentum der Versuch, die Zeit zu heiligen. Was heißt das? Die Zeit bedeutet nicht nur produktive Werktage und nützlich verplante Stunden. Die Unterbrechung der alltäglichen Zeitläufe befreit die Zeit vom Götzen Profit, Erfolg und Macht. Der Sabbat ist der Tag des Herrn. Damit diese Befreiung und Heiligung der Zeit erfahrbar wird, muss alle Arbeit am siebten Tag ruhen.

Das Heidentum kannte keine Sabbatruhe. Der arbeitende Mensch wurde rücksichtslos ausgebeutet. Erst in Israel wurde dieser brutalen Behandlung eine Schranke gesetzt. Die erste Arbeitszeitverkürzung haben nicht die Gewerkschaften erkämpft. Die erste Arbeitszeitverkürzung hat das Gesetz Gottes in der Geschichte der Menschheit durchgesetzt. Der Mensch ist kein Lasttier. Die Sabbatruhe ist ein Geschenk an den Menschen.

Im Sabbatgebot tritt Gott als Anwalt des Menschen auf: „Sechs Tage darfst du schaffen und jede Arbeit tun. Der siebte Tag ist ein Ruhetag, dem Herrn, deinem Gott, geweiht. An ihm darfst du keine Arbeit tun: du, dein Sohn und deine Tochter, dein Sklave und deine Sklavin, dein Vieh und der Fremde, der in deinen Stadtbereichen Wohnrecht hat. Denn in sechs Tagen hat der Herr Himmel, Erde und Meer gemacht und alles, was dazugehört; am siebten Tag ruhte er. Darum hat der Herr den Sabbattag gesegnet und ihn für heilig erklärt" (Ex 20,9-11).

Der Sabbat ist die Heilung und Heiligung der Zeit. Die Zeit verkommt, wenn sie nur als Arbeit und Knechtschaft verstanden wird. In sechs Tagen schuf Gott Himmel und Erde. Am siebten ruhte er. Der Sabbat ist die Kunst der Ruhe. Der Sabbat ist mehr als nur die Pause, damit man für den Montag wieder „fit" wird. Der Sieben-Tage-Rhythmus scheint tief in die Schöpfungsordnung eingeprägt.

Ein besonders wichtiges Wort der Bibel heißt „heilig". Was ist der erste heilige Gegenstand der Weltgeschichte? Ein Mensch, ein Altar, ein Berg? Im Schöpfungsbericht wird der Sabbat „heilig" genannt. „Am siebten Tag vollendete Gott das Werk, das er geschaffen hatte, und er ruhte am siebten Tag, nachdem er sein ganzes Werk vollbracht hatte. Und Gott segnete den siebten Tag und erklärte ihn für heilig; denn an ihm ruhte Gott, nachdem er das ganze Werk der Schöpfung vollendet hatte" (Gen 2,2-3).

Der Sabbat und der Sonntag sind Gottes Eigentum. Dieser Zeitraum ist der Verfügungsmacht des Menschen entzogen. Wer dem siebten Tag in seinem Leben Beachtung schenkt, unterbricht die verrinnende Zeit, die als etwas erscheint, das uns verbraucht. Er entdeckt die Zeit als etwas, das uns Anteil an Gott gibt und vollendet. In der endlosen Kette der Alltage ist der siebte Tag gesegnet. Er ist wie eine Brücke, die Himmel und Erde verbindet.

Der Ruhetag ist schon im Alten Bund Vorspiel des neuen Himmels und der neuen Erde. Mitten in der Vorläufigkeit und Vergeblichkeit des Menschenlebens ist der Herrentag eine Vorahnung unzerstörbaren Lebens und der kommenden Welt. Die junge Christenheit konnte diese Hoffnung aufgreifen, denn in der Auferweckung Jesu Christi ist die Herrschaft Gottes schon angebrochen. Der Sonntag ist also bereits „der Anfang einer anderen Welt". Für die Christen ist jeder Sonntag die Feier der Auferstehung und ein Osterfest.

Der Karsamstag ist im Jahreskreis ein besonderer Tag. Die Grabesruhe umfängt Jesus. Ein schwerer Rollstein verschließt sein Grab. Am Karsamstag ruht die ganze Schöpfung, ruht der Mensch. Die Kirche feiert an diesem Tag keine Liturgie. Der Karsamstag ist aber nach dem Karfreitag nicht die Erstarrung, die dem Tod folgt. Der Keim des neuen Lebens ist gelegt. Die Kräfte der Auferstehung, die den Tod besiegen können, sammeln sich. Das Licht wird bald entzündet, das die Dunkelheit aller Nächte vertreibt. Der Karsamstag ist die Vigil eines neuen Äons.

Wort in den Tag

Geheiligt

Hoch streben die Säulen. Sie tragen das Netz des Gewölbes.
Vielfältiges Echo verklingt. Die Orgel schweigt.
Raum der Stille!

Auf dem Altar stehen der Kelch und die Schale. Der goldene
Becher fasst das königliche Getränk. Im kostbaren Gefäß funkelt
der Wein.

Der Wein ist das Siegel der Freundschaft. Der Wein ist die Seele
festlicher Stunden. Er ist der Trost im Schmerz und die Apothe-
ke des Kummers. Der Wein ist der Pulsschlag der Liebe. Der
Wein wird zum Blut, das der Erlöser vergossen hat.
„Für euch und für alle."

Die Schale birgt das Brot. Gereift auf den Feldern, geschnitten,
gemahlen und zu köstlichem Brot gebacken. Gebrochen, geop-
fert für euch.
„Tut dies zu meinem Gedächtnis!"

Stille erfüllt den Raum. Sie beugen die Knie. Wer kann es erfassen?
Hier ist der heilige Ort. Zieh deine Schuhe aus!
„Geheimnis des Glaubens!"

Brennender Dornbusch,
Sanctus, Sanctus, Sanctus.
Himmel und Erde berühren sich.

Wie kann ich antworten?
Jeden Morgen will ich die Schale meines Lebens hinhalten.
Offen, sich füllen zu lassen.
Offen, um aufzunehmen und zu tragen.
Offen, um sich zu verschenken.
Am Mittag ist sie schon leergeplündert.
Am Abend will ich dankbar zurückgeben, was ich empfangen habe.

Erich Purk[43]

Ostern

Metamorphose

„Freunde, dass der Mandelzweig sich in Blüten wiegt, bleibe uns ein Fingerzeig, wie das Leben siegt." Mitten im Krieg 1941 in Israel schrieb Ben Chorin sein Gedicht vom Mandelzweig. Manchmal genügt ein einziger Blütenzweig, um gegen Krieg und Vernichtung, gegen den Tod und Hoffnungslosigkeiten neue Hoffnung zu wecken.

Ostern passt in den Frühling. Schon auf dem Konzil von Nicäa (325) war der Ostertermin auf den ersten Sonntag nach dem ersten Frühlingsvollmond festgelegt worden. Ostern ist durch den Termin mit der Erneuerung der Natur eng verbunden.

Welche Jahreszeit könnte besser zeigen, was Auferstehung des Lebens bedeutet. Die Erstarrung und Kälte des Winters ist überwunden. Die Natur erwacht zu neuem Leben. Die Knospen öffnen sich und Blüten entfalten Farbe und Duft. Aus den Ästen der Bäume bricht das Grün hervor. Die Schöpfung bricht auf ins neue Leben.

Auch das Grab Christi wird aufgebrochen. Der Stein ist weggewälzt. Am Ort des Todes ergeht die Kunde vom Leben. Tod, wo ist dein Stachel? Tod, wo ist dein Sieg? Auferstehung ist die tiefste Entfaltung der ganzen Schöpfung. Leben ist stärker als der Tod.

Ostern können wir eigentlich nur in Bildern erfassen. Die Metamorphose der Raupe, die sich entpuppt zum Schmetterling, ist ein Bild der Verwandlung, das uns das Wunder der Auferstehung erahnen lässt. „Das Leben wird uns nicht genommen, sondern nur gewandelt", heißt ein Wort in der Liturgie.

Aus der hässlichen, gefräßigen Raupe entwickelt sich der Schmetterling. Die Raupe wird zur Puppe, die den flatternden Falter entlässt. Die Raupe des Seidenspinners zum Beispiel spinnt sich aus Seidenfäden einen Kokon, in dem die Raupe sich verpuppt. Dann beginnt der aufregendste Moment im Inneren dieser Puppe. Aus der toten Haut schlüpft der vollendete Schmetterling und entfaltet seine wunderbaren Flügel. Noch heute gibt die Metamorphose der Schmetterlinge den Entwicklungsbiologen mehr als ein Rätsel auf. Ist im Ei schon das Bild des Falters hineingelegt? Woher kommt der Trieb, die mühseligen Stationen der Verwandlung auf sich zu nehmen? Wandlung in ein Dasein jenseits von Raum und Zeit. Ist in der ganzen Schöpfung eine Kraft, die zur höheren Entfaltung drängt? Trotz der Bedrohung durch Chaosmächte ist alles auf Vollendung angelegt. „Aus Sehnsucht, nur aus Sehnsucht ist das Weltall aufgebaut."

Aber die Schöpfung seufzt und liegt in Geburtswehen. Ist das die kosmische Trauer, von der der Apostel Paulus im Römerbrief spricht? „Denn die ganze Schöpfung wartet sehnsüchtig auf das Offenbarwerden der Söhne Gottes. Die Schöpfung ist der Vergänglichkeit unterworfen, nicht aus eigenem Willen, sondern durch den, der sie unterworfen hat; aber zugleich gab er ihr Hoffnung: Auch die Schöpfung soll von der Sklaverei und Verlorenheit befreit werden zur Freiheit und Herrlichkeit der Kinder Gottes. Denn wir wissen, dass die gesamte Schöpfung bis zum heutigen Tag seufzt und in Geburtswehen liegt" (Röm 8,19-23).

Es ist eine Kraft in der Welt, die alles verwandeln will. Das ist die vierte Dimension, die wir nicht mehr sehen und erfassen können, die aber dennoch wirkt. Es ist die österliche Dimension, die das Chaos und den Tod besiegt. In unserer Welt, die einmal vergeht, wirkt verborgen eine Kraft, die die Entwicklung vorantreibt. Das ist die Schau des Unsichtbaren, die Sehweise der Ewigkeit. Es sind die Kräfte der Sehnsucht, die uns am Leben halten. Es ist das „Leben in Fülle", das uns allen verheißen ist.

Auferstehung ist nicht nur ein Traum, sondern das neue Leben hat schon begonnen. Mitten im Vergehen begann die Verwandlung. Christi Auferstehung ist das Signal, dass die Kräfte des Todes besiegt und die Vergänglichkeit überwunden ist. In der Mitte der Welt sind die Kräfte der verklärten Erde sichtbar geworden. Die neue Welt hat ihren ersten Tag.

Wort in den Tag

Geburtswehen

Aus der Sehnsucht der Raupe,
als Schmetterling
ihre Flügel ausbreiten zu dürfen,
aus der Sehnsucht
des Vogels im Käfig,
im Urwald von Ast zu Ast
zu hüpfen,
aus der Sehnsucht der Eisdecke,
als Welle tanzen zu dürfen,
aus der Sehnsucht der erloschenen Sterne,
noch einmal leuchten zu dürfen,
aus der Sehnsucht des Blinden,
sehen zu können,
aus der Sehnsucht
der Verfolgten,
Frieden zu finden,
aus Sehnsucht,
nur aus Sehnsucht
ist das Weltall aufgebaut.

Martin Gutl[44]

Quellennachweis

[1] © Alois Albrecht – Lesen Sie weiter: Impulse zum Nachdenken auf der Website von: www.lodernet.com

[2] Zitiert aus: Annette von Droste-Hülshoff, Carpe diem, Sämtliche Werke II, München 1973.

[3] Augustinus, Erklärung der Psalmen, hier zu Ps 76,8.

[4] Zitiert aus: Johann Baptist Metz, Zeit der Orden? Zur Mystik und Politik der Nachfolge, Freiburg i. Br. 1977.

[5] Zitiert aus: Jewgeni Alexandrowitsch Jewtuschenko, Herzstreik, Gedichte, Nachdichtung aus dem Russischen von Godehard Schramm, München/Wien 1996.

[6] Siehe: Marianne Gronemeyer, Leben als letzte Gelegenheit, Sicherheitsbedürfnisse und Zeitknappheit, 2. unveränd. Auflage, Darmstadt 1996.

[7] Lesen Sie weiter: Arnold Hinz, Psychologie der Zeit: Umgang mit Zeit, Zeiterleben und Wohlbefinden (Internationale Hochschulschriften 329), Münster 2000.

[8] Lesen Sie weiter: Hartmut Rosa, Beschleunigung, Die Veränderung der Zeitstrukturen in der Moderne, Frankfurt a. M. 2006.

[9] Lesen Sie weiter: Karlheinz A. Geißler, Zeit – verweile doch, Lebensformen gegen die Hast, Mit einem Bilderzyklus von Karl Weibl, Neuausgabe Freiburg i. Br. 2008.

[10] Siehe dazu auch: Gertrud Stetter, Zeitalter der Langeweile, in: Das Thema 23 „Zeit zum Leben – Zum Leben Zeit", hg. v. Theresia Hauser, 1981.

[11] Lesen Sie weiter im Internet: Was ist Zeit? Die Zeitlichkeit unserer Welt (Ringvorlesung WS 2002/2003 an der Universität Rostock) www.physik.uni-rostock.de/aktuell/ring.html; oder: Manfred Becker-Huberti, Zeit ist wie Ewigkeit, Über das Phänomen „Zeit", Kevelaer 2007.

[12] Augustinus, Confessiones XI, 14,17.

[13] Siehe dazu: Veronika Jüttemann (Hrsg.), Ewige Augenblicke, Eine interdisziplinäre Annäherung an das Phänomen Zeit, Münster 2008.

[14] Siehe dazu: Rudolf Wendorff (Hrsg.), Im Netz der Zeit, Menschliches Zeiterleben interdisziplinär, Stuttgart 1989.

[15] Lesen Sie weiter: Christian Staas, Die Geschichte des europäischen Zeitbewusstseins, in: Zeit – das Ewige Rätsel, Geo Wissen, Magazin 36, 2005; und: Karlheinz A. Geißler, Alles. Gleichzeitig. Und zwar sofort, Unsere Suche nach dem pausenlosen Glück, 2. Aufl.; Freiburg i. Br. 2004.

[16] Lesen Sie weiter: Pax Christi, Kath. Erwachsenenbildung, Limburg Papers für die Erwachsenenbildung, Globalisierung, www.pax-christi.de

[17] Lesen Sie weiter: Thomas Assheuer, Atemlos, DIE ZEIT vom 26.01.2006, Nr. 5, auch im Internet unter www.zeit.de/2006/05/st-beschleunigung

[18] Lesen Sie weiter: Peter Spork, Das Uhrwerk der Natur, Chronobiologie – Leben mit der Zeit, Reinbek 2004; ders.. Wenn der Körper aus dem Takt gerät, in: Zeit – das Ewige Rätsel, Geo Wissen, Magazin 36, 2005; Stephanie Lahrtz, Der Rhythmus der inneren Uhr folgt dem Lauf des Lebens, in: Neue Zürcher Zeitung vom 02.04.08.

[19] Zitiert nach: Berlin! Berlin! in: Berliner Tageblatt. Nr. 332 (21.07.1919), in: Kurt Tucholsky, Werke, Briefe, Materialien, CD-Rom 1999.

[20] Gerhard Bott (Hrsg.), Leben und Arbeiten im Industriezeitalter, Eine Ausstellung zur Wirtschafts- und Sozialgeschichte Bayerns seit 1850 vom Germanischen Nationalmuseum Nürnberg, Stuttgart 1985.

[21] Pensées sur la religion et sur quelques autres sujets (Über die Religion und über einige andere Gegenstände), erstmals veröffentlicht 1670, Nr. 172.

[22] Dale Carnegie, Sorge dich nicht, lebe!, Frankfurt a. M. 2003.

[23] Andrea Schwarz, Entschleunigen, in: Anselm Grün/Andrea Schwarz, Und alles lassen, weil Er mich nicht lässt, Lebenskultur aus dem Evangelium, © Verlag Herder GmbH, Freiburg i. Br. 2006.

[24] Siehe dazu: Michael Ende, Momo oder die seltsame Geschichte von den Zeit-Dieben und von dem Kind, das den Menschen die gestohlene Zeit zurückbrachte, Ein Märchen-Roman, Stuttgart 1973.

[25] Nach Heinrich Bölls Anekdote zur Senkung der Arbeitsmoral, in: ders., Erzählungen 1937–1983, Bd. 4, hrsg. v. Viktor Böll u. Karl Heiner Busse, Köln 1997.

[26] William Hoye, Das Ringen des hl. Augustinus um die Zeit, in: Veronika Jüttemann (Hrsg.), Ewige Augenblicke, Eine interdisziplinäre Annäherung an das Phänomen Zeit, Münster 2008.

[27] Siehe dazu: Werner Thissen, Der Augenblick ist mein, Für einen menschlichen Umgang mit der Zeit, Freiburg i. Br. 1984.

[28] Zitiert nach: Ludwig Reiners (Hrsg.), Der ewige Brunnen, Ein Hausbuch deutscher Dichtung, München 1970, S. 908.

[29] Peter Strauch, Meine Zeit steht in deinen Händen, © 1981 SCM Hänssler, 71087 Holzgerlingen.

[30] Augustinus, Das XI. Buch der Confessiones.

[31] Zitiert nach: Karl Rahner, Worte gläubiger Erfahrung, hrsg. v. Alice Scherer, 4. Aufl. Freiburg i. Br. 1991.

[32] Heinz Nußbaumer, Der Mönch in mir, Erfahrungen eines Athospilgers für unser Leben, © Styria Verlag, Graz 2006.

[33] Alfred Delp, Gesammelte Schriften, hrsg. v. Roman Bleistein, Frankfurt 1988.

[34] Zitiert nach: Bernhard von Clairvaux, Werke, hrsg. v. Bernhardin Schellenberger, Olten/Freiburg 1982. – Lesen Sie weiter: Erich Purk, Das kleine Buch der Stille, Düsseldorf 2007.

[35] Erich Purk, Das kleine Buch der Stille, Düsseldorf 2007.

[36] © Jürgen Werth, www.gott.net.

[37] Werner Thissen, Der Augenblick ist mein, Für einen menschlichen Umgang mit der Zeit, Freiburg i. Br. 1984.

[38] Jörg Zink, Wie wir beten können, © Kreuz Verlag, Stuttgart 1970.

[39] Zitiert nach „Karl Jaspers – Ein Selbstporträt", in dem der Philosoph 1966/67 für einen Porträtfilm des Norddeutschen Rundfunks auf sein Leben zurückblickte. – Lesen Sie weiter: Richard Hilge, Gottdurchlässig, Augenblicke der Berührung, Münster 2006.

[40] Pierre Teilhard de Chardin, Lobgesang des Alls, 6. Aufl. Olten, 1980

[41] Prof. Dr. Edeltraud Bülow, bisher unveröffentlicht.

[42] Nach der „Legenda Aurea" von Jacous de Voragine (um 1230–1298, Dominikanermönch, von 1292 bis zu seinem Tod 1298 Erzbischof von Genua), gedruckt 1488 von Anton Koberger in Nürnberg.

[43] Erich Purk, Das kleine Buch zur Stille, Düsseldorf, 2007. – Lesen Sie weiter: Ludger Schulte, Gott suchen – Mensch werden, Vom Mehrwert des Christseins, Freiburg i. Br. 2006; Abraham Joshua, Sabbat, Seine Bedeutung für den heutigen Menschen, Neunkirchen-Vluyn 1990.

[44] Martin Gutl, Aus der Sehnsucht, aus: In vielen Herzen verankert, © Styria Verlag, Graz 2004.

Bildnachweis

Fotografien von Christophorus Goedereis OFMCap, 44 Jahre, Provinzial der Rheinisch-Westfälischen Kapuzinerprovinz, Frankfurt am Main
© Christophorus Goedercis, www.goedefotos.com

S. 9:   „Winterzeit", Haarlem/Niederlande 2008
S. 19:   „Zeitverschwendung", Marburg 2008
S. 33:   „Petri Heil", alte Kirchturmuhr an einem Teich, Aigen in Niederbayern 2008
S. 48:   „Zeitfahren", Zandvoort/Niederlande 2007
S. 67:   „Im Chor der Zeiten", Abtei Eberbach 2006
S. 99:   „Lebensstufen", Kapuzinerkloster Venedig 2007
S. 119:   „Lichtquellen", Gerhard-Richter-Fenster im Kölner Dom 2008

S. 83:   Klostergarten Clemenswerth, Sögel-Esterwege
          Foto: © Erich Purk, Münster

Texte für das Jahr

Erich Purk
Stark wie ein Baum
Der spirituelle Begleiter

Format 13 x 20 cm;
104 Seiten; gebunden
ISBN 978-3-460-27165-4

Gibt es ein besseres Bild für den Kreislauf des Jahres als einen Baum? Sein wechselndes Blätterkleid ist wie ein Sinnbild für den Wandel des Lebens. Pater Erich meditiert in diesem bibliophil gestalteten Jahresbegleiter das Kirchenjahr anhand dieses Symbols: Vom brennenden Dornbusch als „Gotteszeichen" über die blühende Wüste als Symbol für die Ankunft Christi bis hin zum Holz, das gleichzeitig Material für die Krippe wie für das Kreuz Jesu war. Texte, die ermutigen und begleiten.

 bibelwerk

Verlag Katholisches Bibelwerk
Silberburgstraße 121 · 70176 Stuttgart
Tel. 07 11 / 6 19 20 −37 · Fax −30 · www.bibelwerk.de

Fasten-Impulse breit gefächert

Erich Purk
Weniger ist mehr
Impulse für die Fastenzeit

52 zweifarbige Karten im
Format 6 x 9 cm;
im Plexiglasaufsteller
ISBN 978-3-460-30243-3

In der modernen Konsumgesellschaft ist der bewusste Verzicht eine wichtige Hilfe, sich der Gegenwart Gottes im Alltag zu öffnen. Die Kartenbox „Weniger ist mehr" bietet 52 biblisch-spirituelle Impulse für die Tage der Fastenzeit, die zum Innehalten, Besinnen und Meditieren einladen.

Erich Purk
Sehnsucht
Der Fastenfächer

Format 18 x 6 cm;
64 vierfarbige Seiten;
zum Auffächern
ISBN 978-3-460-30303-4

Im Blick auf das, worauf Menschen im Innersten hoffen, begibt sich Pater Erich auf die Spur der Sehnsucht. Er beleuchtet sie in seinen Fasten-Impulsen von zwei Seiten – die Sehnsucht der Menschen nach Gott, aber auch die Sehnsucht Gottes nach uns.

 bibelwerk
Verlag Katholisches Bibelwerk
Silberburgstraße 121 · 70176 Stuttgart
Tel. 07 11 / 6 19 20 –37 · Fax –30 · www.bibelwerk.de